Démocratiser les données

Un guide pour responsabiliser votre organisation

Écrit par Alex Brogane
Edité par Cornell-David Publishing House

Indice

1. Introduction à la démocratisation des données

1.1 Comprendre le concept de démocratisation des données

La démocratisation des données signifie un changement dans la méthode de gestion et d'utilisation des données d'une organisation. Le concept implique que chacun, quel que soit son rôle, a accès aux données et a la capacité de les utiliser dans son processus décisionnel. Ce paradigme rompt avec les pratiques de données traditionnelles où l'accès aux données était limité à des rôles spécifiques tels que les data scientists ou les analystes.

Pour comprendre pleinement l'ampleur et le potentiel de la démocratisation des données, il est crucial de comprendre que les données ne sont pas simplement des informations « brutes » et « non traitées ». Essentiellement, les données constituent un actif stratégique qui peut révéler des informations utiles, favoriser une prise de décision efficace et stimuler l'innovation, favorisant ainsi la croissance de l'entreprise lorsqu'elles sont analysées efficacement. Par conséquent, en démocratisant les données, les organisations peuvent permettre à leurs employés de les utiliser pour prendre des décisions éclairées et développer des solutions innovantes.

1.1.1 Avantages de la démocratisation des données

La démocratisation des données offre divers avantages, transformant la façon dont les organisations fonctionnent et évoluent. Voici quelques avantages clés :

- **Prise de décision éclairée :** la démocratisation des données permet à tous les employés de bénéficier d'informations, leur permettant de prendre des décisions basées sur les données, qui sont généralement plus précises et efficaces.
- **Innovation :** lorsque tous les membres d'une organisation peuvent accéder aux données et les comprendre, il n'est pas surprenant que des idées nouvelles et créatives commencent à faire surface. La libre circulation de l'information favorise un terrain fertile pour l'innovation.
- **Employés responsabilisés :** la démocratisation des données offre un sentiment d'autonomie aux employés. Cela peut conduire à une augmentation des responsabilités, de la motivation et de la satisfaction au travail.
- **Performance commerciale élevée :** grâce à l'amélioration de la prise de décision et de l'innovation, la performance globale de l'entreprise est susceptible de s'améliorer.

1.1.2 Les défis de la démocratisation des données

Même si la démocratisation des données présente de nombreux avantages, elle comporte également son lot de défis :

- **Confidentialité et sécurité des données :** les données étant accessibles à tous les employés, il est essentiel de garantir que les données sensibles ne tombent pas entre de mauvaises mains. Des protections doivent être en place pour sécuriser les données de telle sorte que même si elles sont accessibles, elles soient également protégées.

- **Maîtrise des données** : tous les employés n'auront pas nécessairement les compétences requises pour interpréter correctement les données. Pour éviter les erreurs d'interprétation, les employés doivent avoir une compréhension de base des données.

1.1.3 Surmonter les défis

Ces défis, bien qu'ils puissent paraître intimidants, peuvent être surmontés grâce à des mesures appropriées :

- **Mesures de sécurité** : la mise en place de politiques de gouvernance et de sécurité des données solides peut protéger vos données tout en conservant leur accessibilité.
- **Accroître la maîtrise des données** : former les employés aux bases de l'utilisation, de l'interprétation et de la sécurité des données peut les doter des compétences nécessaires pour utiliser efficacement les données disponibles.

Au fur et à mesure que nous progressons dans les chapitres de ce livre, nous explorons plus en détail les facettes susmentionnées de la démocratisation des données, ainsi que des stratégies et des outils efficaces qui peuvent accélérer votre parcours vers la démocratisation des données dans votre organisation.

En vous engageant dans cette voie, vous donnez non seulement à votre équipe la capacité de prendre des décisions éclairées, mais vous favorisez également une culture de curiosité, d'innovation et d'engagement. Sans le libre accès aux données, le potentiel de l'atout le plus précieux de toute organisation : ses collaborateurs, reste inexploité. Au fur et à mesure que nous approfondirons les chapitres suivants, rappelez-vous : en démocratisant les données ; nous démocratisons le pouvoir !

1.1 Comprendre la démocratisation des données

La démocratisation des données, un concept important dans l'environnement commercial actuel, fait référence au processus par lequel nous rendons les informations numériques accessibles à des utilisateurs non techniques et non spécialisés sous une forme compréhensible sans nécessiter d'aide extérieure. Il transfère le contrôle des données d'équipes ou d'individus spécifiques, donnant à tous les membres d'une organisation la possibilité d'accéder, de partager et d'utiliser les données d'entreprise pour générer de la valeur commerciale.

1.1.1 La nécessité d'une démocratisation des données

Dans les modèles commerciaux traditionnels, les données étaient principalement gérées et interprétées par des spécialistes des données ou des professionnels de l'informatique. Cependant, avec l'essor du Big Data et des environnements commerciaux de plus en plus complexes, cela a entraîné des goulots d'étranglement et entravé la capacité de l'organisation à prendre des décisions éclairées et en temps opportun.

La démocratisation des données résout ce problème en brisant les silos de données et en permettant à tous les membres de l'organisation d'accéder aux données dont ils ont besoin. Grâce à cette accessibilité, il facilite les processus de prise de décision, stimule l'innovation et aide les organisations à répondre plus efficacement aux changements du marché.

1.1.2 L'essence de la démocratisation des données

La démocratisation des données est la notion de simplification et d'accessibilité. Il ne s'agit pas simplement de fournir un accès aux données, mais de les rendre compréhensibles pour tous. Il s'agit d'un effacement total des contrôleurs d'accès, permettant à chaque individu d'accéder aux données, de les comprendre, de participer à la prise de décision et, en fin de compte, d'améliorer les opérations commerciales.

À certains égards, la démocratisation des données pourrait être synonyme de transparence. Il invite des personnes d'horizons divers à la table de prise de décision, plaidant pour la suppression des limitations hiérarchiques et encourageant les employés à tous les niveaux à utiliser les données pour leur bénéfice et la croissance de l'organisation.

1.1.3 Les obstacles potentiels à la démocratisation des données

Bien que les avantages de la démocratisation des données soient immenses, le processus comporte également des risques et des défis potentiels. La sécurité et la confidentialité des données figurent parmi les principales préoccupations. Il est crucial de garantir que le processus de démocratisation dispose de mesures de sécurité appropriées pour protéger les informations sensibles contre tout accès non autorisé, toute utilisation abusive ou toute violation.

La gouvernance des données est un autre défi important pour les organisations. Il s'agit de gérer et d'assurer la qualité, l'intégrité et la sécurité des données. Alors que la démocratisation des données repose sur le libre accès, sans un cadre de gouvernance approprié, les utilisateurs pourraient tirer de fausses conclusions à partir de données inexactes et incomplètes.

1.1.4 L'avenir de la démocratisation des données

Alors que les organisations reconnaissent de plus en plus l'importance de donner à leurs équipes les moyens de disposer de données, l'avenir de la démocratisation des données semble dynamique et prometteur. Avec des technologies avancées telles que l'IA et l'apprentissage automatique, nous verrons des outils plus sophistiqués pour aider les utilisateurs à interpréter et à utiliser les données de manière significative.

À l'avenir, la démocratisation des données devrait aller de pair avec des programmes de maîtrise des données. Même lorsque les données sont facilement accessibles, les organisations doivent s'assurer que leurs membres possèdent les compétences nécessaires pour interpréter et utiliser correctement les données. En favorisant une culture axée sur les données, les organisations peuvent tirer le meilleur parti de la démocratisation des données.

Essentiellement, la démocratisation des données offre le potentiel de transformer les organisations, en favorisant une croissance, une innovation et un avantage concurrentiel significatifs. Alors que les données deviennent le nouveau pétrole, la démocratisation de cet actif essentiel deviendra une stratégie commerciale clé pour les organisations avisées dans les années à venir.

Démocratiser les données : un changement fondamental vers l'autonomisation des données

Alors que nous exploitons le potentiel du Big Data et de l'analyse dans notre économie en évolution rapide, le concept de « démocratisation des données » est apparu comme un changement pionnier dans la culture d'entreprise et l'approche opérationnelle. La démocratisation des données peut avoir un impact définitif sur la capacité d'une organisation à innover, à prendre des décisions éclairées et à conserver un avantage concurrentiel. Il s'éloigne d'un système d'accès aux données hiérarchique traditionnel pour se tourner vers un modèle inclusif moderne où la disponibilité des ensembles de données est répandue à tous les niveaux organisationnels.

Comprendre la démocratisation des données

La démocratisation des données signifie accorder l'accès et permettre à tous les membres d'une organisation (quels que soient leur rang et leur statut hiérarchique) d'utiliser les données dans leur processus de prise de décision. Cette méthode encourage la disponibilité des données à tous les niveaux, garantissant ainsi que les individus peuvent prendre des décisions qui correspondent à la vision collective et à la compréhension partagée de l'organisation.

Dans une version plus simplifiée, considérons la démocratisation des données comme « l'égalité de l'information ». Cela implique que les données ne se limitent pas à un service spécifique comme l'informatique ou la gestion ; au lieu de cela, il est accessible à toute personne au sein de l'organisation qui peut l'analyser de manière critique et l'utiliser pour générer des résultats positifs.

Le besoin de démocratisation des données

Pourquoi y a-t-il une évolution vers la démocratisation des données à l'ère actuelle des affaires ? Auparavant, les données étaient mises à la disposition des décideurs tandis que les autres membres de l'organisation restaient privés de données. À mesure que la valeur des données augmente, cette approche a commencé à créer des goulots d'étranglement et des retards, entravant l'efficacité opérationnelle et l'agilité organisationnelle.

Avec la démocratisation des données, les données deviennent une ressource partagée au sein d'une organisation, éliminant ainsi les silos de données et favorisant une main-d'œuvre informée et axée sur les décisions. Il ouvre la porte à des informations extraites de l'analyse de données, améliorant ainsi la prise de décision, encourageant et promouvant l'innovation.

Autonomiser les organisations grâce à la démocratisation des données

L'objectif final de la démocratisation des données est de responsabiliser chaque membre de l'équipe et de créer un environnement dans lequel les employés acquièrent une compréhension globale des processus métier tout en prenant des décisions basées sur les données. Un environnement de données démocratisé inspire une main-d'œuvre dynamique, favorisant la créativité, l'innovation et la responsabilité. Une main-d'œuvre informée prendrait non seulement des décisions solides, mais contribuerait également positivement à la réalisation des objectifs organisationnels collectifs.

La démocratisation des données alimente l'innovation et aide les organisations à s'adapter plus rapidement aux évolutions du marché. En démocratisant les données, les organisations peuvent accélérer leur capacité à innover en extrayant des informations précieuses et en les appliquant à leur stratégie opérationnelle et à leur engagement client.

Surmonter les défis et mettre en œuvre la démocratisation des données

Si le processus de démocratisation des données peut être stimulant, il présente également des défis importants, notamment la confidentialité, la sécurité, la conformité et le maintien de la qualité des données. Ainsi, lors de la mise en œuvre d'une stratégie de démocratisation des données, il devient vital de trouver le juste équilibre entre accessibilité et gouvernance des données.

Plusieurs outils et plates-formes peuvent prendre en charge la démocratisation des données, à savoir les outils de Business Intelligence (BI) en libre-service, les logiciels de catalogue de données et les outils de virtualisation des données. Ces technologies fournissent non seulement un accès aux données, mais garantissent également la fiabilité et l'intégrité des données.

Pour favoriser une culture réussie de démocratisation des données, il est essentiel de combiner l'adoption de la technologie avec une éducation et une formation continues. Cela permettrait à la main-d'œuvre d'interpréter et d'appliquer correctement les informations sur les données dans leurs rôles respectifs.

La démocratisation des données est un voyage, pas une destination. Il s'agit de favoriser un changement culturel où chaque individu - quel que soit son rôle ou son rang - est doté de données. Alors que nous traversons l'ère de l'analyse et de la prise de décision basée sur les données, les avantages potentiels et l'impact positif sur le positionnement d'une entreprise sur le marché ne peuvent être négligés. Essentiellement, une organisation qui démocratise avec succès ses données ne se contentera pas de survivre, mais prospérera dans le nouvel ordre mondial axé sur les données.

1.1 Comprendre le concept de démocratisation des données

La démocratisation des données peut sembler un concept complexe qui ne concerne que les aspects techniques d'une organisation, mais elle est bien plus simple qu'il n'y paraît. Il fait référence au processus dans lequel les données sont facilement accessibles à tous les individus d'une organisation, sans restrictions hiérarchiques. Ce concept signifie que tout individu, quel que soit son rôle, a accès à des informations précieuses et peut les utiliser pour prendre des décisions pour le bien de l'organisation. Cette approche élimine les goulots d'étranglement et permet aux individus à tous les niveaux d'une entreprise de prendre des décisions fondées sur les données.

Pour le mettre en contexte, pensez aux organisations traditionnelles où l'accès aux données est limité à quelques individus ou équipes, généralement ceux qui se trouvent dans les hiérarchies décisionnelles. Cela crée un obstacle pour les employés de niveau inférieur, limitant leur capacité à prendre des décisions éclairées. Comparez cela avec une organisation qui adopte la démocratisation des données - ici, les informations sont transparentes et partagées librement à tous les niveaux. En conséquence, les employés peuvent mieux comprendre la dynamique de l'entreprise et fournir des commentaires perspicaces et bénéfiques de diverses manières.

La beauté de la démocratisation des données réside dans son incarnation pratique de l'adage « savoir c'est pouvoir ». Dans ce cas, les données deviennent les connaissances qui alimentent les opérations et les stratégies d'une organisation. Cependant, la démocratisation des données ne consiste pas seulement à fournir des données ; cela nécessite également la capacité au sein de l'organisation de comprendre, d'analyser et d'en tirer des enseignements, même pour ceux qui n'ont pas de formation technique. Cela nécessite la mise en place de certains mécanismes et outils, qui sont conviviaux et peuvent rendre l'interprétation des données plus simple pour tout le monde.

1.2 L'importance de la démocratisation des données

La démocratisation des données n'est pas seulement un outil sophistiqué entre les mains des organisations, c'est désormais une nécessité motivée par la surabondance de données générées chaque jour. Le rôle des données dans les stratégies commerciales modernes a énormément évolué et les entreprises adoptent rapidement ce concept.

Voici quelques raisons pour lesquelles la démocratisation des données est importante :

1. **Favorise une culture axée sur les données :** la démocratisation des données jette les bases d'une culture organisationnelle fondée sur les connaissances et pas seulement sur l'intuition. Il favorise un environnement de croissance et d'apprentissage, où la prise de décision est basée sur des faits, pas seulement sur des hypothèses.
2. **Conduit à des décisions éclairées :** avec la disponibilité de données pertinentes, la prise de décision devient plus efficace. Les faux pas et les décisions erronées diminuent lorsqu'ils sont informés par des données précises.
3. **Responsabilise les employés :** si chaque employé peut accéder aux données et les analyser de manière indépendante, cela renforce leur confiance et leur autonomie. Cette responsabilisation conduit à une meilleure satisfaction au travail et à la rétention.
4. **Encourage l'innovation :** un accès facile et illimité aux données peut conduire à de nouvelles idées et à des solutions innovantes qui auraient autrement pu être négligées. Il offre aux employés l'occasion d'explorer de nouvelles avenues pour les avantages de l'organisation.

1.3 Mise en œuvre de la démocratisation des données dans votre organisation

La démocratisation des données peut sembler un processus écrasant au départ, et en effet, elle nécessite une approche stratégique pour une mise en œuvre réussie. Les entreprises doivent garder à l'esprit certains facteurs cruciaux, comme la sécurité et la confidentialité, la sélection des bons outils, l'investissement dans la formation et l'éducation, la promotion d'un environnement collaboratif, etc.

La démocratisation des données peut changer la dynamique de votre organisation de manière prometteuse – et au fur et à mesure du déroulement de ce livre, nous explorerons comment adopter ce style de fonctionnement avec succès. Que vous soyez une startup ou une entreprise multinationale, notre objectif est de vous fournir les outils et les stratégies qui peuvent vous aider à voir le potentiel de faire des données un pilier démocratique de votre architecture organisationnelle.

1.1 Comprendre la démocratisation des données

La démocratisation des données fait référence au processus par lequel nous permettons à chacun au sein d'un groupe ou d'une organisation, quelle que soit sa fonction ou son service, d'exploiter les données pour la prise de décision, les informations, les innovations, etc., sans nécessiter l'intervention de gardiens dédiés tels qu'un professionnel. analyste de données ou personnel informatique. En incarnant le concept de démocratie où chacun détient un droit égal, la démocratisation des données permet à chaque membre d'accéder librement aux données et aux informations.

Aujourd'hui, les données deviennent le nouveau pétrole, entraînant des changements transformateurs dans divers secteurs. Les dirigeants reconnaissent de plus en plus le potentiel des données pour débloquer la croissance, stimuler l'efficacité opérationnelle et accélérer les processus décisionnels. Pourtant, les données sont souvent piégées dans des silos, ce qui rend difficile leur extraction de la valeur.

Les entreprises s'appuyaient traditionnellement sur des data scientists ou des experts informatiques lorsqu'elles avaient besoin d'apprendre quelque chose à partir des données. Cela a créé une structure hiérarchique dans laquelle la capacité d'obtenir des informations reposait sur quelques privilégiés. De plus, il s'agissait d'un processus long qui créait des goulots d'étranglement et entraînait souvent des retards qui empêchaient une prise de décision instantanée. Cela n'était pas efficace et nécessitait un changement ; et c'est ainsi qu'est née l'idée de démocratisation des données.

La démocratisation des données brise les silos de données, permettant à chaque individu d'une organisation d'accéder aux données quand et où il en a besoin, favorisant ainsi une culture plus inclusive, plus autonome et axée sur les données. Il s'agit de créer un environnement dans lequel chaque individu devient confiant dans l'utilisation des données et des outils d'analyse pour mieux faire son travail.

1.1.1 Avantages de la démocratisation des données

- **Accélère la prise de décision** : avec un accès sans entrave aux données, les employés peuvent prendre rapidement des décisions éclairées, sans avoir besoin de traiter les demandes et d'attendre les données des équipes informatiques ou des analystes de données.
- **Favorise l'innovation** : lorsque tous les employés ont accès aux données, ils peuvent appliquer leur perspective et leurs compétences uniques pour

trouver une nouvelle valeur, stimulant ainsi l'innovation au sein de l'organisation.

- **Autonomise les employés** : la démocratisation des données permet aux employés de s'approprier, de prendre des décisions et de se sentir plus autonomes et engagés.
- **Égaliser les règles du jeu** : en éliminant les silos de données, la démocratisation des données garantit à tous les départements et équipes un accès égal à l'information, favorisant ainsi l'équité au sein d'une organisation.

1.1.2 Défis de la démocratisation des données

- **Gouvernance et sécurité des données** : Garantir que les bonnes personnes ont accès aux bonnes données tout en maintenant les protocoles de confidentialité et de protection des données est un défi de taille.
- **Qualité et précision** : étant donné que de nombreux utilisateurs accèdent aux données et les modifient potentiellement, garantir l'exactitude et la qualité des données peut également s'avérer une tâche complexe.
- **Quantité écrasante de données** : avec une augmentation des données accessibles, cela peut devenir écrasant pour certains utilisateurs, entraînant une confusion ou une mauvaise interprétation.

En fin de compte, l'objectif de la démocratisation des données est de créer une organisation où chacun peut utiliser les données pour prendre des décisions éclairées, stimuler l'innovation et contribuer au succès global de l'entreprise. Par conséquent, il est crucial d'établir un équilibre prudent, d'apprendre à gérer les défis et de s'assurer que les avantages l'emportent largement sur les risques potentiels. La démocratisation des données représente un changement significatif dans la façon dont nous pensons et traitons les données, entraînant une nouvelle ère de prise de décision basée sur les données qui a le potentiel de transformer les entreprises dans tous les secteurs.

2. Déchiffrer les données : qu'est-ce que c'est et son importance

2.1 La science fondamentale derrière les données

Comprendre les données commence par les bases. Les données sont un ensemble de faits comprenant des nombres, des mots, des mesures et des observations. Dans un contexte commercial, les données font souvent référence à tous les détails capturés sur l'activité opérationnelle qui pourraient être enregistrés et manipulés par des ordinateurs. En termes simples, si une organisation ne comprend pas ses données, la prise de décision devient un jeu de hasards plutôt qu'un processus éclairé.

L'information est la forme traitée de données brutes qui transmettent des informations significatives après le processus d'analyse. Les données d'une entreprise peuvent être segmentées en différents types :

- **Données catégorielles** : Ce sont des données qui peuvent être triées en différentes catégories mais n'ayant ni ordre ni priorité. Par exemple, les types d'industries (technologie, santé, éducation, etc.)

- **Données quantitatives** : Ce sont des données numériques représentant une quantité. Par exemple, le nombre d'employés dans une entreprise.
- **Données ordinales** : C'est une combinaison de données catégorielles et quantitatives. Il a un ordre précis. Par exemple, noter un produit de 1 (très mauvais) à 5 (très bon).
- **Données d'intervalle** : Étroitement liées aux données ordinales, mais elles ont des intervalles égaux. Par exemple, la température.
- **Données de séries chronologiques** : il s'agit de points de données collectés ou enregistrés dans l'ordre chronologique. Par exemple, le chiffre d'affaires mensuel d'une entreprise.

2.1.1 L'importance des données dans un environnement commercial

Les organisations, quelle que soit leur taille, génèrent quotidiennement une grande quantité de données. Mais plus critique que le volume de données générées est ce que les organisations font avec les données. Les données peuvent être exploitées comme un atout et, si elles sont correctement déchiffrées, elles fournissent des informations stratégiques menant à des décisions commerciales éclairées. Il s'agit de la théorie selon laquelle les données sont transformées en informations, puis en connaissances – la base même d'un processus décisionnel éclairé en entreprise.

En déchiffrant les données, vous dévoilez le potentiel qu'elles ont dans :

- **Améliorer la prise de décision** : les informations basées sur les données peuvent améliorer les processus de prise de décision en mettant en évidence les statistiques et les chiffres probants. Cela facilite une meilleure compréhension du monde des affaires menant à des stratégies efficaces.

- **Identifier les opportunités** : Grâce au décryptage des données, vous pouvez identifier de nouvelles opportunités susceptibles de booster considérablement vos stratégies. Cela impliquerait souvent des pratiques plus sophistiquées telles que l'analyse des tendances et les prévisions.
- **Accroître l'efficacité** : La compréhension des données peut révéler des domaines potentiels de rationalisation des processus, de renforcement de l'efficacité et, en fin de compte, de génération de profits.

Ces avantages soulignent l'importance du décodage et de la compréhension des données. Elle devrait également souligner la nécessité de démocratiser les données dans les organisations. L'accès aux données et leur compréhension ne doivent pas être limités aux analystes et aux équipes techniques. Cela appelle un changement culturel au sein des organisations, en plaidant pour une approche ouverte de l'analyse exploratoire des données qui crée une expérience de travail enrichissante.

2.1.2 Défis liés au déchiffrement des données

Alors que les données ont un vaste potentiel pour faire avancer une organisation, il y a des obstacles sur le chemin. Les défis peuvent inclure :

- **Qualité des données** : Une mauvaise qualité des données résultant d'erreurs de saisie, de données manquantes ou d'incohérences peut conduire à des décisions mal informées.
- **Sécurité des données** : à mesure que vous faites pression pour la démocratisation des données, les

questions de savoir qui a accès aux données et comment protéger les informations sensibles deviennent cruciales.

- **Manque d'outils appropriés** : le déchiffrement des données représente la moitié de la bataille ; les organisations doivent également fournir des outils efficaces pour analyser les données.

Connaître et comprendre ces défis est essentiel pour créer des stratégies pour votre parcours de démocratisation des données.

2.1.3 Tendances émergentes dans le déchiffrement des données

À mesure que la technologie évolue, les méthodes de déchiffrement des données évoluent également. Maîtriser ces tendances et comprendre leur efficacité peut aider les organisations à transformer leurs données en informations exploitables. Certaines de ces tendances comprennent :

- **Intelligence artificielle et apprentissage automatique** : ces technologies permettent de traiter plus rapidement et plus facilement que jamais d'énormes quantités de données en temps réel.
- **Analyse prédictive et prescriptive** : ces pratiques analytiques aident à révéler les probabilités futures et à recommander un plan d'action optimal.

En résumé, comprendre les données et leur importance est la pierre angulaire de la construction d'une base solide pour toute entreprise cherchant à être axée sur les données. Grâce à une meilleure compréhension des données, votre organisation peut améliorer la prise de décision, découvrir de nouvelles opportunités et améliorer son efficacité. Cette compréhension devient plus cruciale lorsque vous vous efforcez d'autonomiser votre organisation en démocratisant les données.

Comprendre la fondation : bases des données

Avant de nous plonger dans la démocratisation des données, il est essentiel de comprendre ce que sont les données et pourquoi elles sont cruciales pour chaque organisation. Les données, dans les termes les plus simples, font référence à des unités d'information individuelles. Dans le contexte commercial, les données désignent généralement toute information sur les opérations, les clients, les produits, le marché, etc.

À l'ère du numérique, les données ont souvent été considérées comme la ressource la plus précieuse, ce qui est effectivement vrai compte tenu de l'essor des prises de décision et des stratégies basées sur les données, de l'analyse prédictive et de l'automatisation intelligente. Notre capacité à collecter, traiter et interpréter des données a révolutionné la façon dont nous gérons les entreprises, prenons des décisions et prévoyons les tendances futures.

Comprendre l'importance des données est donc la première étape vers l'autonomisation d'une organisation. Le reconnaître comme un atout qui, lorsqu'il est utilisé efficacement, peut fournir d'excellentes informations, optimiser les opérations, créer des avantages concurrentiels et stimuler l'innovation.

Les différents types de données

Les données se présentent sous de nombreuses formes. Dans un contexte organisationnel, elles sont souvent produites et collectées sous deux types fondamentaux : les données structurées et non structurées.

Les données structurées sont des informations avec un degré élevé d'organisation, elles sont facilement consultables par des algorithmes de moteur de recherche simples et directs ou d'autres opérations de recherche. Il fait référence à des informations d'une longueur et d'un format définis pour le Big Data. Les exemples incluent les données relationnelles et JSON.

D'autre part, les données non structurées, comme leur nom l'indique, sont des informations qui ne sont pas organisées de manière prédéfinie ou qui n'ont pas de modèle de données prédéfini. Il n'est pas facilement consultable et contient souvent beaucoup de texte, y compris des éléments tels que les e-mails, les publications sur les réseaux sociaux et les documents Word.

Comprendre les types de données que votre organisation collecte et génère est crucial pour comprendre comment utiliser, analyser et finalement démocratiser au mieux ces données.

Pourquoi les données sont-elles importantes ?

Les données ont une valeur énorme pour les organisations. C'est la matière première à partir de laquelle des idées, des renseignements et des décisions exploitables peuvent être tirés. Cependant, les données seules sont grossières et difficiles à interpréter, apparaissant souvent sous forme de chiffres et de texte apparemment aléatoires.

Cependant, une fois traitées, conservées et analysées, les données se transforment en informations significatives qui peuvent éclairer la prise de décision, prédire les tendances et exposer des modèles auparavant inédits.

Qu'il s'agisse de l'optimisation des processus et du ciblage du marché, du renforcement des relations clients et de l'innovation, les données sont au cœur de toutes ces opérations. En décodant les données brutes, il est possible de transformer des informations apparemment aléatoires en informations exploitables qui stimulent la croissance et l'efficacité de votre organisation.

Donner du sens aux données

Les données, qu'elles soient grandes ou petites, doivent être décodées pour être utiles. Le décodage des données implique un processus d'inspection, de nettoyage, de transformation et de modélisation des données dans le but de découvrir des informations utiles, d'éclairer les conclusions et de soutenir la prise de décision.

Ce processus nécessite des analystes possédant des compétences spécialisées et l'utilisation d'outils d'analyse de données. Une fois les données nettoyées et organisées, elles peuvent ensuite être analysées. Grâce à l'utilisation de diverses approches d'analyse de données, notamment l'exploration de données, l'analyse prédictive et l'analyse de texte, les informations cachées dans les données peuvent être dévoilées.

S'assurer que votre organisation comprend ce que sont les données, leur importance, comment elles sont collectées et comment les décoder et leur donner un sens est une étape fondamentale vers l'objectif ultime : la démocratisation des données.

2.1 Comprendre ce que sont les données

La première étape vers la démocratisation des données consiste à comprendre ce que sont les données et pourquoi elles sont si importantes. En termes simples, les données sont une forme agrégée d'informations factuelles qui servent à diverses fins, depuis l'expansion des connaissances jusqu'à la prise de décision. Il peut s'agir de faits quantifiables sur des personnes, des lieux, des événements, des mesures commerciales, du comportement humain et essentiellement de tout ce qui peut être mesuré ou enregistré. Ces données peuvent prendre diverses formes, telles que du texte, des chiffres, des images, de l'audio, de la vidéo, etc.

Les données peuvent être classées en plusieurs types. Deux des types les plus courants sont :

1. **Données qualitatives :** ce type de données est souvent descriptif et non structuré. Il transmet des qualités ou caractéristiques subjectives et tangibles telles que des opinions, des comportements et des expériences.
2. **Données quantitatives :** Les données quantitatives, quant à elles, sont structurées et numériques. Il est utilisé pour quantifier les problèmes en générant des statistiques.

2.1.1 L'importance des données

À l'ère où nous vivons, les données sont souvent qualifiées de « nouveau pétrole ». Ce n'est pas juste un simple slogan; cela signifie l'immense valeur des données dans notre monde actuel. Pour les organisations, les données sont un atout crucial qui peut être exploité pour stimuler la croissance, l'innovation et la prise de décision stratégique. Voici quelques raisons pour lesquelles les données sont si importantes :

1. **Prise de décision éclairée** : avec les données, la prise de décision dépend moins de l'intuition que de l'analyse et des faits. Cela réduit l'incertitude et les risques tout en améliorant simultanément l'efficacité et les résultats.
2. **Analyse prédictive** : les organisations peuvent utiliser des données historiques pour anticiper les tendances, les demandes et les défis futurs. Ces connaissances peuvent leur donner un avantage concurrentiel dans leur secteur.
3. **Comprendre le comportement des clients** : les entreprises peuvent utiliser les données pour mieux comprendre les comportements, les besoins et les préférences des clients. Ces informations peuvent stimuler le développement de produits, le marketing ciblé et les initiatives de service client.
4. **Suivi des performances** : les entreprises peuvent utiliser des données pour mesurer les performances dans toutes les parties de leur organisation. Cela peut aider à identifier les domaines d'amélioration et à accroître l'efficacité opérationnelle globale.

2.1.2 Comment la démocratisation des données s'intègre-t-elle ?

La démocratisation des données signifie le processus de rendre les données accessibles à tous au sein d'une organisation. Dans la configuration traditionnelle, seuls certains individus ou services (souvent des data scientists ou des équipes informatiques) ont accès aux données de l'organisation. Il est donc difficile pour les autres équipes d'accéder rapidement aux données, ce qui les empêche de prendre rapidement des décisions basées sur les données.

La démocratisation des données fait tomber ces barrières et permet l'accès aux données pour tous, quelles que soient leurs compétences techniques. Cela ne signifie pas seulement donner à chacun un accès gratuit aux données brutes ; cela implique de fournir des outils et des plates-formes conviviaux qui permettent aux utilisateurs non techniques d'explorer et de comprendre les données de manière significative. En permettant à tous les membres d'une organisation d'accéder aux données et de les interpréter, les entreprises peuvent promouvoir une culture des données qui encourage les meilleures pratiques en matière d'utilisation des données, ce qui se traduit par une prise de décision plus éclairée à tous les niveaux de l'organisation.

2.1 Comprendre la composition des données

La première étape de la gestion de toute ressource consiste a comprendre sa nature. Il en va de même pour les données. De ce point de vue, il est crucial de réaliser que les données en elles-mêmes sont neutres. Il s'agit d'un fait brut cu d'une statistique collectée lors d'opérations ou de recherches. Elle peut prendre diverses formes, qu'elles soient qualitatives (informations descriptives) ou quantitatives (informations numériques), structurées (organisées) ou non structurées (aléatoire). L'interprétation de ces unités factuelles offre le potentiel d'informations exploitables, de valeur stratégique et de business intelligence.

2.1.1 Types de données

Il existe deux grandes catégories de données : qualitatives et quantitatives. **Les données qualitatives** sont descriptives et concernent les qualités et non les chiffres. Ces données sont généralement extraites d'entretiens, de récits écrits ou oraux, de photos et de vidéos.

Les données quantitatives , en revanche, sont numériques et se concentrent sur les décomptes ou les évaluations. Ils peuvent être directement mesurés et facilement identifiés. Les entreprises utilisent souvent des données quantitatives pour prendre des décisions éclairées, car ces données sont susceptibles d'être plus définies et statiques, offrant des faits concrets mesurables tels que des mesures financières et la taille du marché.

2.1.2 Données structurées ou non structurées

Les données structurées font référence aux données présentes dans un champ fixe au sein d'un fichier. Ils sont généralement organisés sous forme de tableau, avec des colonnes et des lignes stockant les informations. Les exemples incluent les feuilles de calcul ou les bases de données relationnelles.

les données non structurées sont des données qui ne suivent pas un format spécifié pour le Big Data. Sa forme peut contenir beaucoup de texte et inclure des tampons de date, d'heure et de lieu. Les exemples courants sont les e-mails, les publications sur les réseaux sociaux et les données scientifiques.

Comprendre les différents types de données permet aux entreprises d'optimiser leurs opérations d'analyse et d'approfondir et de diversifier leurs connaissances.

2.1.3 Rôle des données dans la prise de décision

Le rôle des données dans les organisations est bien plus critique que jamais car elles fournissent une base qui pourrait déterminer le succès ou l'échec des décisions. L'utilisation des données peut fournir une mine d'informations, en identifiant des modèles et des tendances qui éclairent les décisions stratégiques. Il est crucial pour améliorer les opérations, permettant l'efficience et l'efficacité du processus de prise de décision.

2.1.4 Transformer les données en informations et connaissances

Les données dans leur forme la plus brute peuvent sembler dénuées de sens. Cependant, lorsqu'il est traité, organisé, structuré ou interprété pour le rendre significatif ou utile, il devient de l'information. Ces informations, lorsqu'elles sont combinées à d'autres éléments d'information, donnent naissance à des connaissances.

Cela dit, il souligne l'importance pour une organisation de se doter d'outils de gestion et d'analyse de données adaptés. Avec des outils appropriés, les entreprises peuvent transformer une surcharge de données en prise de décision éclairée, en plans et stratégies solides, en opérations améliorées et, en fin de compte, en une vision et un succès plus larges.

Ainsi, déchiffrer ce que sont les données et leurs types est la pierre angulaire pour commencer à comprendre leur importance. Il s'agit d'un voyage allant des données brutes à la sagesse, en passant par les étapes de compréhension de leurs différentes formes, de transformation de ces données en informations significatives, puis d'utilisation des informations dérivées pour des décisions intelligentes basées sur les données.

Dans les prochains chapitres, nous approfondirons les stratégies de gestion efficace des données, comment démocratiser les données et les utiliser pour responsabiliser votre organisation. Mais les premières leçons commencent par la compréhension des données et la reconnaissance de leur importance cruciale.

2.1 Comprendre le Big Data : le carburant de l'ère de l'information

Dans notre monde inondé de numérique, il est presque impossible de passer une journée sans interagir avec des données, que nous en soyons conscients ou non. Messages sur nos smartphones, e-mails, navigation sur le Web, transactions en ligne et activité sur les réseaux sociaux : tout cela contribue à l'avalanche d'informations colossale que nous appelons « Big Data ».

2.1.1 Qu'est-ce que le Big Data ?

Pour la plupart, le terme « Big Data » pourrait sembler faire simplement référence à une grande quantité de données. Bien que généralement vrai, le terme est en fait un concept multidimensionnel. Le Big Data fait généralement référence à des ensembles de données si volumineux et si complexes que les logiciels de traitement de données traditionnels sont incapables de les gérer. Ces ensembles de données sont caractérisés par trois attributs clés, souvent appelés les « 3 V » :

1. **Volume :** il s'agit de la taille des données générées chaque seconde. Au cours des deux dernières

années seulement, 90 % des données mondiales ont été créées, les entreprises, les recherches scientifiques, les plateformes de médias sociaux et les appareils IoT générant quotidiennement des exaoctets de données.

2. **Vélocité :** cela concerne la vitesse à laquelle les nouvelles données sont produites et la vitesse à laquelle les données se déplacent d'un point à un autre. À l'ère de l'information en temps réel, les données sont générées, collectées et analysées rapidement, souvent en quelques secondes.

3. **Variété :** comme son nom l'indique, cette composante reflète la grande diversité des types de données disponibles. Les données peuvent être classées comme structurées, semi-structurées ou non structurées, allant des données numériques, texte, e-mail, vidéo, audio, données boursières, bavardage sur les réseaux sociaux, et bien plus encore.

En outre, deux autres V ont été ajoutés au fil du temps : la véracité, pour souligner l'importance de la qualité et de l'exactitude des données, et la valeur, qui améliore la valeur économique des différentes variétés de données.

2.1.2 L'importance du Big Data

L'intégration du Big Data dans vos opérations commerciales change la donne : cela permet aux organisations de prendre des décisions basées sur les données, fournit des informations approfondies, favorise l'innovation et génère des économies.

1. **Prise de décision basée sur les données :** les processus décisionnels traditionnels impliquent souvent beaucoup de conjectures et d'hypothèses. L'exploitation de la puissance du Big Data permet aux

entreprises de prendre des décisions fondées sur des données factuelles, ce qui permet d'obtenir des résultats plus précis et plus efficaces.

2. **Informations et prédictions** : l'analyse du Big Data implique l'examen d'ensembles de données volumineux et diversifiés pour découvrir des modèles cachés, des corrélations, des tendances du marché, des préférences des clients et d'autres informations utiles. Ces informations peuvent ensuite aider les entreprises à prédire les tendances et les comportements futurs, améliorant ainsi la planification stratégique.

3. **Innovation** : le Big Data est au cœur des innovations numériques modernes. Il permet une compréhension plus approfondie de phénomènes complexes et constitue un banc d'essai pour de nouvelles techniques et outils, favorisant l'innovation.

4. **Rentabilité** : l'utilisation de technologies Big Data peut entraîner des avantages financiers significatifs lorsque de grandes quantités de données doivent être stockées, et ces technologies peuvent également aider à identifier des moyens plus efficaces de faire des affaires.

2.1.3 Démocratiser le Big Data

La démocratisation des données implique que tout le monde ait accès aux données et qu'il n'y ait pas de gardiens qui créent un goulot d'étranglement au niveau de la passerelle vers les données. L'objectif est que chacun utilise les données à tout moment pour prendre des décisions. Démocratiser le Big Data signifie remettre les données entre les mains des véritables décideurs et leur donner les moyens de les utiliser.

La démocratisation du Big Data recèle un immense potentiel pour les organisations. Lorsque tout le monde au sein d'une organisation a accès aux données, cela permet une diffusion plus considérable des informations, encourage la culture participative et permet une prise de décision plus éclairée à tous les niveaux. Néanmoins, la démocratisation s'accompagne de son propre ensemble de défis tels que le maintien de la sécurité et de la confidentialité des données, la littératie des données, etc., qui doivent être abordés de manière stratégique.

En conclusion, comprendre les bases du big data est le fondement de la démocratisation des données. En comprenant la nature et l'importance du Big Data, les organisations peuvent alors favoriser une culture axée sur les données dans laquelle tous les employés sont habilités à utiliser les données dans leurs processus décisionnels, garantissant ainsi des avantages substantiels et un avantage concurrentiel à l'ère des données.

3. L'évolution de la démocratisation des données à l'ère numérique

La révolution cognitive : comment le Big Data et l'IA démocratisent l'accès aux données

Alors que nous examinons l'évolution de la démocratisation des données à l'ère numérique, il est crucial d'examiner deux composantes intégrantes de ce récit : le Big Data et l'intelligence artificielle (IA). Les progrès dans ces domaines ont joué un rôle important dans l'élargissement de l'accessibilité, de la compréhension et de l'utilisation d'une multitude de données. Cette transformation de l'abondance informationnelle en connaissances compréhensibles a été qualifiée de « révolution cognitive ».

Big Data : redéfinir l'échelle et la portée de l'accessibilité des données

Le Big Data ne désigne pas uniquement de grands volumes de données. Il résume essentiellement une approche permettant de faire face à un flux d'informations de plus en plus vaste, complexe et diversifié. Ce phénomène a modifié le paysage dans lequel les données étaient traditionnellement utilisées et gérées. Dans le passé, les données étaient généralement traitées en silos, et seuls quelques privilégiés avaient accès à ces informations au sein d'une organisation. Cependant, l'avènement des technologies Big Data a permis aux organisations de briser ces barrières internes, offrant ainsi aux employés à tous les niveaux la possibilité d'accéder et d'utiliser l'information comme bon leur semble. Cette démocratisation des données a engendré la promotion d'idées innovantes, de processus décisionnels éclairés et d'une efficacité commerciale globalement améliorée.

Intelligence artificielle : donner un sens à l'incompréhensible

Alors que le Big Data offre une ampleur et une portée sans précédent en matière d'accessibilité aux données, le volume et la complexité des données constituent souvent un défi de taille. Les données, bien qu'elles soient disponibles, peuvent souvent déborder et dérouter même les analystes les plus expérimentés s'ils ne disposent pas des outils nécessaires pour les comprendre. C'est là que l'IA entre en jeu.

L'IA, avec sa capacité à imiter les processus de l'intelligence humaine, détient la clé pour comprendre et interpréter les données massives et complexes générées chaque jour. L'apprentissage automatique, un sous-ensemble de l'IA, permet aux ordinateurs d'apprendre et d'interpréter des données sans programmation explicite. Ces technologies aident non seulement à analyser et à interpréter les données, mais aussi à prédire les résultats futurs.

Les outils d'analyse basés sur l'IA et les algorithmes d'apprentissage automatique peuvent réduire considérablement le temps et les efforts nécessaires pour tirer des informations de grands volumes de données. L'IA et le ML peuvent en outre aider à reconnaître les modèles et les corrélations qui pourraient être négligés par l'analyse humaine, offrant ainsi une compréhension plus méticuleuse des données. Cette automatisation de la compréhension des données les rend accessibles et utilisables par des non experts en données, élargissant ainsi le champ démocratique.

La confluence du Big Data et de l'IA

L'intégration des mégadonnées et de l'IA revient à assembler les pièces d'un puzzle, traitant à la fois de l'accessibilité et de l'intelligibilité des données. Les mégadonnées fournissent la matière première, c'est-à-dire des volumes considérables de données générées à partir de sources variées. En revanche, l'IA apporte les outils, tels que l'apprentissage automatique et le traitement du langage naturel, pour interpréter ces données, en tirer des informations et prédire les tendances futures.

Les organisations qui exploitent la puissance des deux peuvent favoriser un écosystème dans lequel les données sont non seulement accessibles à tous, mais également moins interdites et plus accommodantes. Des outils tels que les plateformes de BI intégrées aux capacités d'IA, les tableaux de bord de visualisation de données et les algorithmes d'apprentissage automatique peuvent transformer les données en informations significatives et exploitables que même les utilisateurs non techniques peuvent comprendre et utiliser. Cette fusion de technologies propulse la démocratisation des données, éradiquant l'exclusivité attachée aux données et distribuant leur pouvoir à tous les niveaux de l'organisation.

Note finale : défis et considérations éthiques

Si la révolution cognitive recèle d'immenses promesses, elle apporte également son lot de défis. La confidentialité des données, les failles de sécurité, la visibilité des données propriétaires et la redoutable nature de « boîte noire » des systèmes d'IA n'en sont que quelques-unes. Par conséquent, la résolution de ces obstacles fait partie intégrante du discours sur la démocratisation des données, tout comme le développement et la mise en œuvre de ces technologies.

Reconnaître les données comme un atout essentiel et investir dans leur démocratisation est la première étape vers un avenir axé sur les données. Avec les bonnes pratiques et technologies, les organisations peuvent responsabiliser leurs employés, favoriser l'innovation et, en fin de compte, assurer leur compétitivité sur le marché. La révolution cognitive marque l'apparition de données plus compréhensibles, accessibles et démocratiques, guidées par les avancées technologiques de l'ère numérique.

3.1 Comprendre la démocratisation des données

La base de la démocratisation des données repose sur l'idéologie selon laquelle l'information numérique est accessible et compréhensible par tous, et pas exclusivement par la haute direction ou les experts informatiques. Les environnements commerciaux contemporains nécessitent des décisions fondées sur des données, ce qui oblige chaque membre de l'organisation à comprendre et à analyser les informations.

3.1.1 Le passage de la monarchie des données à la démocratie des données

Initialement, les données étaient entre les mains de quelques-uns au sein d'une organisation, une configuration communément appelée « monarchie des données ». Les données étaient généralement conservées dans des entrepôts de données et utilisées par des analystes commerciaux et d'autres experts en données qui transmettaient ensuite les informations au reste de l'organisation. Cependant, cela a entraîné un retard dans la prise de décision et a introduit la possibilité de mauvaises interprétations dues à la communication avec des tiers.

L'émergence de nouvelles technologies et d'outils, tels que le Big Data et l'analyse, a alimenté une transition vers une « démocratie des données », où les membres d'une organisation peuvent accéder, analyser et utiliser directement les données. Ce changement a joué un rôle important dans la création d'une culture centrée sur les données dans de nombreuses organisations.

3.1.2 Montée du Big Data et de l'analyse

L'avènement du Big Data et de l'analyse a introduit de nouvelles dimensions de données qui étaient auparavant impossibles à capturer. Des données non structurées provenant des réseaux sociaux, des vidéos et des avis en ligne ont commencé à être capturées, ouvrant ainsi une multitude d'informations que les organisations peuvent exploiter.

Les outils d'analyse de données sont devenus plus sophistiqués à mesure qu'ils ont commencé à intégrer des algorithmes d'apprentissage automatique et d'IA pour prédire les tendances et les modèles. Ces outils sont désormais conçus pour être conviviaux, réduisant leur complexité et permettant au personnel non technique de les utiliser.

3.1.3 Évolution des outils de visualisation de données

La dernière décennie a vu une évolution significative des outils de visualisation de données. Ces outils ont permis aux utilisateurs de comprendre visuellement des données complexes et d'identifier rapidement des modèles, des tendances et des corrélations. Power BI de Microsoft, Tableau et Data Studio de Google sont quelques exemples de ces outils qui ont rendu les analyses facilement digestibles pour un public plus large.

Des outils comme ceux-ci démocratisent les données en les rendant facilement discernables et donc exploitables. Les employés peuvent prendre des décisions plus rapides et éclairées, basées sur des informations personnelles au lieu de s'appuyer sur des spécialistes des données.

3.1.4 Rôle du cloud computing

Le cloud computing a contribué de manière significative à la démocratisation des données. Les organisations n'ont plus besoin de maintenir une infrastructure lourde, ce qui leur permet de stocker et de traiter les données à moindre coût.

Les plates-formes basées sur le cloud ont permis aux organisations de stocker à distance de grandes quantités de données auxquelles les utilisateurs autorisés pouvaient ensuite accéder, quel que soit leur emplacement. Les employés peuvent récupérer les données requises quand ils en ont besoin, augmentant ainsi leur efficacité.

3.1.5 L'impact de la réglementation des données

Bien que la démocratisation des données permette un accès libre aux données dans une organisation, le maintien de la confidentialité et de la sécurité reste une préoccupation centrale. Des réglementations telles que le Règlement général sur la protection des données (RGPD) en Europe et le California Consumer Privacy Act (CCPA) soulignent l'importance de sécuriser et de protéger les données d'un individu.

Néanmoins, ces réglementations n'ont pas entravé la croissance de la démocratisation des données, mais ont forcé les organisations à élaborer des politiques et des pratiques sécurisées de gouvernance des données.

3.2 L'avenir de la démocratisation des données

Avec les progrès technologiques et la croissance continue de l'automatisation, l'avenir de la démocratisation des données semble prometteur. L'accent sera mis sur le développement d'outils plus intuitifs offrant de meilleures informations tout en garantissant des normes robustes en matière de confidentialité et de sécurité des données.

Il incombe à chaque organisation d'adopter une culture des données pour rester pertinente dans ce monde axé sur les données. La démocratisation des données permet aux entreprises de favoriser l'innovation, d'accélérer la prise de décision et, à terme, d'élaborer un modèle économique plus compétitif. On peut affirmer sans se tromper que les entreprises qui adoptent la démocratisation des données disposeront d'un avantage certain à l'avenir.

Nous sommes à un carrefour passionnant où la démocratisation des données devient à la fois une nécessité, une norme et un catalyseur d'innovation. Les graines de la démocratie des données d'aujourd'hui sont sur le point de fleurir dans un avenir où les données ne sont pas seulement accessibles à tous, mais sont également comprises et analysées par tous, alimentant une nouvelle ère de croissance exponentielle et d'opportunités.

3.1 Comprendre la démocratisation des données

La démocratisation des données, comme son terme l'indique, est la démocratisation ou l'égalisation de l'accès aux données au sein d'une organisation. Traditionnellement, les données étaient comme un actif secret connu et accessible uniquement par quelques équipes ou individus sélectionnés au sein d'une organisation. Les décideurs et les fonctionnaires de haut niveau étaient les principaux acteurs qui contrôlaient et utilisaient ces données. Cependant, à mesure que les secteurs évoluaient et avec l'avènement de l'ère numérique, le recours exclusif à quelques privilégiés pour l'interprétation des données n'a pas permis de répondre aux besoins croissants des entreprises. Cela a marqué l'émergence et l'intégration de la démocratisation des données dans les stratégies des entreprises.

La démocratisation des données signifie que tout le monde a accès aux données et qu'il n'y a pas de gardiens qui créent un goulot d'étranglement au niveau de la passerelle vers les données. Cela nécessite que les données soient disponibles et accessibles à tous dans un format compréhensible et utilisable, et que ceux qui y accèdent doivent se faire confiance et partager la responsabilité des données.

3.1.1 Évolution de la démocratisation des données

Le concept de démocratisation des données n'est pas entièrement nouveau. Avec l'avènement du premier ordinateur mécanique au 19e siècle, suivi de l'avènement des ordinateurs modernes au début et au milieu du 20e siècle, les données ont commencé à sortir des documents physiques écrits à la main et à trouver une place dans le monde numérique.

L'ère d'Internet a mis l'accent sur les données. Les données n'étaient plus seulement un acteur de fond. C'était le chef de file, dirigeant les stratégies commerciales clés. Le début des années 2000 à 2010 a vu une explosion des données créées et stockées. Avec cette explosion soudaine, les entreprises ont rapidement réalisé la valeur des données. Cela a conduit au problème de goulot d'étranglement où seul l'élu - les scientifiques des données ou les experts en informatique - pouvait accéder aux données et les interpréter.

Les produits et services centrés sur le client étaient la nécessité du moment, et ces interprètes de données ne pouvaient pas répondre rapidement à cette demande croissante. Finalement, les organisations ont commencé à ressentir l'urgence de démocratiser les données. Ils ont commencé à passer d'un cadre de gestion de données centralisé à un cadre décentralisé. Des technologies telles que le cloud computing, le big data et l'IoT ont joué le rôle de catalyseurs dans ce parcours de démocratisation des données.

3.1.2 L'impact de la démocratisation des données

À mesure que le paysage des données continuait d'évoluer, les organisations ont commencé à comprendre les avantages significatifs de la démocratisation des données. Les informations issues des données n'étaient plus le privilège de certains rôles ou équipes, mais une ressource pour tous les membres de l'organisation.

Lorsque les données sont démocratisées, elles peuvent permettre aux employés de prendre des décisions stratégiques éclairées, de cultiver l'innovation, d'améliorer la satisfaction des clients et d'améliorer les performances globales de l'entreprise. En accordant aux individus l'accès aux données et aux outils d'analyse, les organisations peuvent favoriser un environnement de travail plus inclusif, informé et responsabilisé.

3.1.3 Défis de la démocratisation des données

Même si la démocratisation des données promet de nombreux avantages, elle n'est pas sans défis. La principale préoccupation est la sécurité et la confidentialité des données, car l'accès illimité aux données comporte des risques d'utilisation abusive et de violations. Garantir la qualité des données est un autre problème. Avec l'afflux de données provenant de diverses sources, il devient essentiel de garantir leur exactitude et leur cohérence.

Le changement culturel induit par la démocratisation des données est un autre défi à surmonter. Convaincre chaque individu et service de l'importance d'exploiter et de maintenir les données de manière responsable exige un leadership fort.

En regardant vers l'avenir, la démocratisation des données est plus qu'une simple tendance passagère. C'est la pierre angulaire de l'organisation data-driven de demain. Bien que le parcours vers une démocratisation complète des données puisse être difficile, les résultats - agilité commerciale, prise de décision rapide, innovation, satisfaction client et croissance globale - rendent le voyage intéressant.

3.1 Comprendre les racines et la croissance de la démocratisation des données

Pour vous informer de la progression de la démocratisation des données, il est important de comprendre le concept depuis ses racines. La démocratisation des données est le processus qui conduit à ce que les données soient accessibles à tous, quel que soit leur degré d'expertise ou leur position hiérarchique. Ce principe était presque inconnu dans les mécanismes commerciaux, même il y a quelques décennies. Les données étaient considérées comme un actif plausible et appartenant exclusivement aux services informatiques. Le personnel non technique devait généralement s'appuyer sur des data scientists pour extraire, analyser et interpréter les données pertinentes. Ce protocole retardait souvent le processus de prise de décision, créant un écart considérable entre l'accumulation de données et la mise en œuvre de ses informations.

La genèse de l'ère numérique a propulsé des avancées technologiques qui ont finalement jeté les bases de la démocratisation des données. Cette évolution s'inscrit dans la lignée de la « démocratisation du savoir », dont le berceau fut l'Internet désormais omniprésent.

3.1.1 L'essor d'Internet

L'avènement d'Internet a été la première véritable étape vers la démocratisation du savoir. Cela rendait les distances inutiles et offrait immédiatement des informations. Les moteurs de recherche, les bases de données en ligne et les bibliothèques numériques ont commencé à permettre l'accès instantané à un large éventail d'informations. La démocratisation du savoir était un prélude à la démocratisation des données, donnant le ton d'un monde connecté où les données pouvaient être partagées et accessibles indépendamment des frontières géographiques.

3.1.2 Impact de la technologie

Simultanément, les progrès des technologies de l'information ont accompagné l'essor des données numériques, fournissant les outils nécessaires pour capturer, stocker et analyser des échelles de données de plus en plus grandes. Au début, le stockage des données représentait un défi de taille, mais l'introduction de solutions de stockage basées sur le cloud s'est avérée déterminante pour surmonter cet obstacle, conduisant à une adoption généralisée de la démocratisation des données.

3.1.3 Émergence du Big Data

L'émergence du Big Data a encore intensifié le besoin de démocratie en matière de données. À mesure que le volume, la variété et la vitesse des données devenaient de plus en plus vastes, les organisations ont reconnu la nécessité d'étendre l'accès aux données à tous leurs employés, rompant ainsi avec la méthode traditionnelle de distribution de données cloisonnée et descendante. Cela a entraîné un changement de paradigme vers la démocratisation des données, permettant aux employés de tous les niveaux d'accéder directement aux données.

3.1.4 Le scénario actuel

Aujourd'hui, la démocratisation des données prend de l'ampleur, de nombreuses organisations intégrant ce paradigme dans leur stratégie principale. Les technologies innovantes telles que l'intelligence artificielle, l'apprentissage automatique et l'analyse prédictive affinent cette évolution en fournissant des informations incroyablement précises et exploitables.

La démocratisation des données à l'ère numérique est devenue une force de transformation massive pour les entreprises. Même si ses avantages potentiels sont énormes, elle pose également des défis uniques et oblige les organisations à adopter systématiquement les changements. Les sections suivantes de ce livre explorent plus en détail les opportunités, les défis et les perspectives d'avenir posés par la démocratisation des données.

3.1 L'aube de l'ère de l'information numérique

L'essor de la technologie numérique a révolutionné la façon dont les organisations interagissent avec les données. Cette époque, notamment décrite comme « l'ère de l'information », a permis aux entreprises de traiter une quantité de données sans précédent, libérant ainsi un immense potentiel dans divers secteurs. Contrairement aux époques passées où les données restaient étroitement conservées au sein d'un groupe sélectionné d'individus ou de services, l'ère numérique a ouvert la voie à un accès plus démocratique aux données.

L'évolution de la démocratisation des données à l'ère numérique est façonnée par trois phases charnières : la numérisation, la dissimulation et la démocratisation.

3.1.1 Numérisation

La première étape de cette évolution a été la conversion des données analogiques en formats numériques. Cette transition a marqué un changement de paradigme important car elle a conduit à la création de davantage de données dans un laps de temps plus court. La numérisation impliquait le développement de formats de données numériques faciles à reproduire, à distribuer et à stocker, permettant ainsi aux organisations de créer de vastes bases de données d'informations qui serviraient de base aux phases ultérieures.

3.1.2 Dissimulation

La phase de dissimulation signifie l'effondrement des structures hiérarchiques strictes qui surveillaient traditionnellement l'accès aux données. Auparavant, les données étaient principalement accessibles à un groupe d'élite d'analystes de données et de scientifiques, ce qui en faisait une ressource exclusive. Cette étape d'évolution visait à éliminer ces barrières et à promouvoir un cadre d'accès aux données plus inclusif. Les entreprises modernes ont commencé à se rendre compte que restreindre les données à un groupe sélectionné de personnes était une approche sous-optimale qui limitait l'innovation et la créativité.

3.1.3 Démocratisation

La démocratisation des données fait référence au processus par lequel les données sont rendues accessibles à tous dans une organisation, quelle que soit l'expertise technique ou l'ancienneté. L'accès démocratisé aux données donne du pouvoir aux employés à tous les niveaux en leur fournissant des ressources et des outils pour exploiter les données de manière indépendante. Cette phase représente le point culminant du processus évolutif, les données étant désormais une ressource largement disponible qui pourrait être utilisée à tous les niveaux et dans tous les départements.

Ce parcours de démocratisation a été soutenu par plusieurs avancées technologiques. Les technologies Big Data ont permis de traiter et d'analyser de grands volumes de données, tandis que les plates-formes basées sur le cloud ont permis une distribution plus flexible et plus large des données. Les techniques d'intelligence artificielle et d'apprentissage automatique ont permis d'automatiser l'analyse, fournissant ainsi des informations et des prédictions en temps réel. Les outils de visualisation ont donné vie aux données, les rendant compréhensibles pour les personnes occupant des rôles non techniques.

La démocratisation des données à l'ère numérique a finalement transformé les données d'un outil faisant autorité en un outil coopératif, facilitant un processus de prise de décision plus éclairé qui conduit à l'autonomisation globale de l'organisation.

Essentiellement, la démocratisation des données à l'ère numérique a redéfini la structure de pouvoir traditionnelle qui dictait l'accès aux données. Les données ne sont plus un privilège réservé à quelques privilégiés ; il s'agit plutôt d'un outil puissant entre les mains de nombreuses personnes. Cette révolution a injecté de l'intelligence à tous les niveaux de l'organisation, favorisant une culture d'innovation, de valeur mutuelle et une compréhension plus riche de l'environnement complexe des données. Nous explorerons en détail les avantages de la démocratisation des données dans les parties suivantes de ce livre.

4. Favoriser une culture organisationnelle axée sur les données

4.1 Souligner l'importance de la maîtrise des données

La maîtrise des données est un aspect fondamental de la promotion d'une culture organisationnelle axée sur les données. Comme pour l'alphabétisation traditionnelle qui désigne la capacité de lire et d'écrire, la maîtrise des données concerne la capacité de lire, d'interpréter, de comprendre et d'argumenter avec des données. Une personne compétente en matière de données doit être capable de discerner entre les bonnes et les mauvaises données, d'interpréter des tableaux et des graphiques, de poser des questions critiques sur les données, d'en tirer des informations significatives et d'apprécier le pouvoir de la prise de décision basée sur les données.

De nombreuses organisations contournent l'étape cruciale consistant à cultiver la maîtrise des données et se lancent dans la mise en œuvre d'outils de suivi des données ou dans la constitution d'équipes de science des données, pour ensuite se heurter à des difficultés pour obtenir des informations fructueuses ou obtenir une adhésion significative de l'équipe. Cela est principalement dû au fait que la littératie des données ne concerne pas seulement une personne ou un groupe de scientifiques des données. Il s'agit de créer un environnement dans lequel tous les membres de l'organisation comprennent le potentiel des données disponibles et s'engagent à les utiliser pour prendre des décisions commerciales.

Voici quelques étapes que les organisations peuvent suivre pour améliorer la littératie des données :

Formation et développement continus : intégrer l'éducation aux données à la formation et au développement continus crée un muscle de maîtrise des données au sein de l'organisation. Des entreprises comme AirBnB ont déployé leur propre Data University, permettant aux employés de perfectionner et de comprendre les données à leur propre rythme, les rendant ainsi partie intégrante de la culture organisationnelle.

Encourager la curiosité et le questionnement : favoriser une culture axée sur les données nécessite de promouvoir un environnement dans lequel les individus se sentent à l aise pour remettre en question les hypothèses existantes et prendre des décisions basées sur ce que révèlent les données. Cela permet aux employés de mieux maîtriser les données.

Promouvoir la prise de décision basée sur les données : Prendre des décisions basées sur l'instinct ou la hiérarchie appartient au passé. Les organisations doivent souligner que chaque décision majeure doit être étayée par des données. Cela cultivera une atmosphère où l'analyse et les idées guident les actions, plutôt que les opinions ou les conjectures.

Démocratiser l'accès aux données : L'expression « savoir c'est pouvoir » est encore plus vraie lorsqu'il s'agit de données. En démocratisant les données et en fournissant à chaque membre de l'équipe un accès aux ensembles de données pertinents (en protégeant évidemment les informations sensibles ou personnelles), les organisations peuvent promouvoir la transparence et améliorer la capacité de chacun à exploiter la puissance des données dans leurs tâches quotidiennes.

Désigner des champions des données : pour aider à piloter les initiatives en matière de données et aider les autres dans leur parcours de compréhension des données, les organisations peuvent créer le rôle de champions des données. Ces personnes peuvent être réparties dans différents départements, aidant leurs pairs dans l'interprétation des données, fournissant la formation nécessaire et renforçant une philosophie axée sur les données.

Le cheminement vers la maîtrise des données, et éventuellement vers une organisation cultivée en données, peut sembler intimidant, mais avec les stratégies et les systèmes appropriés en place, la transformation peut se faire en douceur. N'oubliez pas que l'investissement dans la formation d'une équipe compétente et alimentée par les données peut rapporter des dividendes sous la forme d'une prise de décision améliorée, d'une efficacité accrue et, en fin de compte, de la réussite de l'entreprise.

4.1 Comprendre les données et leur importance

Avant d'aborder les étapes de création d'une culture axée sur les données dans votre organisation, il est essentiel de comprendre ce que sont les données et pourquoi elles sont importantes. Les données sont des informations collectées à des fins de référence ou d'analyse. Les entreprises collectent des informations afin de les analyser et de prendre des décisions éclairées. Pour comprendre les données, nous devons saisir leurs deux principales classifications : les données qualitatives et quantitatives. Les données qualitatives sont descriptives et impliquent des caractéristiques qui ne peuvent être comptées, tandis que les données quantitatives peuvent être mesurées et exprimées numériquement. Les deux types de données jouent un rôle crucial dans le processus décisionnel des entreprises.

Dernièrement, l'importance des données dans les entreprises a rapidement augmenté. L'époque où les organisations prenaient des décisions basées sur l'expérience et l'intuition est révolue. Avec l'avènement du Big Data et de l'analyse, les organisations peuvent désormais prendre des décisions fondées sur des données. L'analyse des données aide les organisations à comprendre leurs clients, à améliorer leurs produits et services, à réduire les coûts, à identifier les opportunités, à élaborer des stratégies marketing plus efficaces, à suivre les performances et à analyser les concurrents. Dans un monde qui se numérise rapidement, chaque transaction commerciale donne lieu à la collecte et à l'interprétation de données. Dans un tel monde, être ignorant des données peut être une voie vers l'échec.

4.2 Passer à une mentalité axée sur les données

Afin de favoriser une culture axée sur les données, un changement de mentalité est nécessaire dans toute l'organisation. Les employés doivent être encouragés à prendre des décisions basées sur des données plutôt que sur leur expérience personnelle et leur instinct. Ce changement devrait être mené par la direction générale, les dirigeants promouvant l'utilisation des données dans tous les aspects de l'entreprise. Encourager les questions auxquelles seules les données peuvent répondre peut renforcer davantage cette culture.

Réorienter le personnel vers une réflexion en termes de données signifie que les managers doivent donner le ton en intégrant les données dans leurs réunions, présentations et prises de décision quotidiennes. L'utilisation répétée et cohérente des données fait naturellement évoluer une organisation vers une culture axée sur les données.

4.3 Data Literacy : éduquer et activer

Pour démocratiser les données, investir dans la formation et l'éducation des employés pour qu'ils maîtrisent les données devient essentiel. Cela inculquera non seulement un sentiment d'importance aux données chez les employés, mais leur permettra également d'en extraire des informations utiles. Cela peut être réalisé en fournissant un soutien sous forme d'éducation, de formation, de ressources et d'outils adaptés basés sur les données.

Les organisations doivent s'assurer que les employés à tous les niveaux disposent des compétences et des ressources nécessaires pour comprendre et utiliser efficacement les données. Cela pourrait impliquer une formation à l'analyse, à l'interprétation, à la visualisation des données et leur exposition à divers ensembles d'outils pour gérer les données.

4.4 Incorporer les données dans la prise de décision

Les données doivent être intégrées dans le processus décisionnel à tous les niveaux de l'organisation. Qu'il s'agisse de décisions stratégiques, tactiques ou opérationnelles, les données peuvent fournir des informations précieuses qui guident des décisions efficaces et judicieuses. En utilisant des données pour étayer leurs décisions, les employés peuvent démystifier le processus décisionnel, le rendant plus transparent et compréhensible.

4.5 Renforcer la transparence et la confiance

La transparence et la confiance jouent un rôle crucial dans la promotion d'une culture axée sur les données. Des mesures doivent être prises pour renforcer la confiance des employés dans les données. Cela implique non seulement de fournir des données précises et cohérentes, mais également de s'assurer que les employés comprennent comment les données sont collectées, traitées et analysées.

La transparence dans la gestion et le traitement des données peut encourager une plus grande conviction dans les informations basées sur les données, conduisant par la suite à une culture axée sur les données plus forte.

4.6 Promouvoir une approche collaborative

Une approche collaborative peut faire progresser davantage la transition vers une culture axée sur les données. Les équipes doivent être encouragées à travailler ensemble pour collecter, analyser, interpréter et appliquer les données. La coopération entre différents départements peut améliorer l'efficacité des données utilisées, conduisant à des informations plus complètes. Cette collaboration interdépartementale garantit également que tous les aspects d'une entreprise sont abordés dans une approche systématique avec une vision partagée pour atteindre des objectifs communs.

4.7 Évaluation et amélioration continues

Une culture axée sur les données n'est pas un changement ponctuel mais un processus continu d'apprentissage, de développement et d'adaptation. Il est toujours possible d'améliorer la manière dont les données sont collectées, gérées et interprétées. Des ajustements et des améliorations continus peuvent non seulement tenir les organisations au courant des dernières tendances, mais également maintenir l'élan d'une culture axée sur les données.

Le développement et la promotion d'une culture organisationnelle axée sur les données ne constituent donc pas une transformation du jour au lendemain mais plutôt un processus en plusieurs phases. Son objectif est de maintenir la compétitivité des organisations dans cet environnement commercial dynamique qui dépend de plus en plus des données.

Sous-section : 4.1 Cultiver un environnement propice aux décisions fondées sur les données

L'une des étapes centrales et critiques vers la promotion d'une culture organisationnelle basée sur les données consiste à cultiver un environnement qui permet et encourage les décisions basées sur les données. Vous trouverez ci-dessous des stratégies spécifiques pour faciliter cet environnement.

4.1.1 Encourager la transparence et l'ouverture

La transparence des données signifie que tous les membres d'une organisation ont accès aux données, les comprennent et les partagent régulièrement. Les employés doivent se sentir à l'aise pour poser des questions, suggérer des améliorations et discuter ouvertement des données et des informations. Cette transparence élimine les barrières, encourage la communication, favorise la confiance et favorise une utilisation plus large des données.

Suggestion : Commencez par créer un hub de données centralisé qui offre à tous les membres un accès aux actifs de données.

4.1.2 Promouvoir la maîtrise des données

La maîtrise des données fait référence à la capacité de lire, de travailler avec, d'analyser et d'argumenter avec des données. Il est essentiel que les employés maîtrisent les données pour pouvoir utiliser et interpréter efficacement les données.

Suggestion : Investissez dans des programmes d'éducation et de formation à la maîtrise des données à tous les niveaux et départements.

4.1.3 Établir une gouvernance claire des données

La gouvernance des données permet de garantir la cohérence, l'intégrité et la sécurité des données et de gérer leur disponibilité, leur convivialité et leur conformité. Ce système précise qui peut agir, sur quelles données, dans quelles situations, avec quelles méthodes.

Suggestion : formuler un cadre de gouvernance des données robuste qui désigne les rôles, les responsabilités et les processus.

4.1.4 Encourager la prise de décision basée sur les données

Encourager la prise de décision basée sur les données implique de prendre des décisions stratégiques basées sur l'analyse et l'interprétation des données plutôt que sur l'intuition ou l'observation seule.

Suggestion : Montrez régulièrement comment la prise de décision basée sur les données a conduit au succès de l'organisation.

4.1.5 Reconnaître et récompenser l'utilisation des données

L'utilisation des données doit être enregistrée, reconnue et récompensée au sein de l'organisation. Cette loi encourage une utilisation accrue des données et crée une culture où les données sont au cœur des décisions stratégiques et opérationnelles.

Suggestion : Créez un système de reconnaissance ou de récompense pour les employés qui utilisent efficacement les données.

4.1.6 Promouvoir un état d'esprit de test et d'apprentissage

Lorsqu'une organisation gère des données, les échecs sont inévitables, mais ils ne doivent pas nécessairement être négatifs. Encouragez vos employés à considérer ces moments comme des opportunités d'apprendre, de perfectionner et de réessayer.

Suggestion : encouragez les expériences et les tests et soyez ouvert sur les échecs.

4.1.7 Soyez patient et persévérant

La transformation en une organisation axée sur les données est un processus long et complexe, nécessitant de la patience et des ajustements opérationnels. Surtout, cela nécessite un leadership fort pour maintenir l'élan et guider le changement culturel.

Suggestion : Pratiquez et mettez l'accent sur la patience et la persévérance de votre équipe.

En cultivant un tel environnement, votre organisation est prête à favoriser une culture axée sur les données qui tirera parti de la puissance des données démocratisées pour atteindre ses objectifs stratégiques et conserver un avantage concurrentiel.

4.1 Comprendre la valeur des données

Dans le cadre de la promotion d'une culture axée sur les données, la première étape consiste à comprendre et à apprécier la valeur des données. Il est crucial que tous les membres de l'organisation saisissent le pouvoir des données, quel que soit leur rôle ou leur position dans la hiérarchie. La percée du Big Data et de l'analyse avancée a créé des opportunités révolutionnaires pour les organisations de divers secteurs, notamment la santé, la banque, la vente au détail et bien d'autres.

Par exemple, les données permettent aux établissements de santé d'améliorer les soins aux patients grâce à une analyse prédictive, qui peut aider à identifier les risques potentiels pour la santé avant qu'ils ne deviennent graves. De même, les entreprises de vente au détail peuvent utiliser les données pour comprendre les comportements et les préférences des clients, les guidant ainsi dans le développement de stratégies marketing efficaces et de services personnalisés.

Comprendre la valeur des données ne consiste pas seulement à reconnaître leur pertinence ou leur potentiel ; il s'agit de faire des données une partie intégrante de la stratégie et des opérations quotidiennes de l'organisation.

4.1.1 Rôle du leadership dans la culture de l'appréciation des données

Le leadership joue un rôle important dans l'appréciation et la compréhension des données au sein de l'organisation. Les dirigeants doivent être les porte-flambeau de la culture axée sur les données, en encourageant les membres de l'équipe à exploiter les données dans leur processus de prise de décision.

L'équipe de direction doit articuler les avantages de l'utilisation des données, partager les réussites où l'utilisation des données a entraîné des avantages tangibles. Rendre les décisions liées aux données visibles et réussies incitera les employés à apprécier la valeur que les données apportent à la table.

4.1.2 Garantir l'accessibilité des données

Pour démocratiser les données, il est essentiel de garantir leur accessibilité. Toutes les parties prenantes concernées devraient avoir accès aux données nécessaires dans un format convivial. Dans le même temps, des protocoles stricts de gouvernance et de sécurité des données doivent être mis en place pour empêcher tout accès non autorisé ou toute violation de données.

Les données ne doivent pas être limitées à des départements ou à des rôles spécifiques, mais doivent être accessibles à quiconque en a besoin pour remplir ses fonctions de manière plus efficace et efficiente. Cette accessibilité permet aux employés à tous les niveaux d'utiliser les données dans leur travail, favorisant ainsi une culture de travail basée sur les données.

4.1.3 Développer la maîtrise des données

Comprendre et apprécier la valeur des données va de pair avec la promotion de la maîtrise des données au sein de l'organisation. Les employés doivent être dotés des compétences nécessaires pour interpréter et comprendre les données. Cela implique non seulement des compétences techniques, telles que l'analyse ou la visualisation des données, mais également la capacité de comprendre ce que les données indiquent et comment elles peuvent être appliquées pour améliorer les opérations, les stratégies et les résultats.

Investir dans la maîtrise des données, par le biais de programmes de formation internes ou de cours externes, est un élément crucial pour favoriser une culture axée sur les données. Il garantit que tous les membres du personnel, quels que soient leurs antécédents ou leur rôle, peuvent interagir avec les données en toute confiance et de manière constructive.

4.1.4 Cultiver un état d'esprit axé sur les données

Cultiver une culture axée sur les données n'est pas seulement une question d'outils et de techniques ; il s'agit également de cultiver un état d'esprit axé sur les données. Cela implique de nourrir la curiosité, d'encourager les questions, de promouvoir l'expérimentation, d'apprendre de ses erreurs et d'être toujours ouvert à l'apprentissage et à la croissance.

Une mentalité axée sur les données nécessite de la patience et de la persévérance, car elle peut entraîner des changements culturels et procéduraux au sein de l'organisation. Cependant, les résultats en valent la peine, car un état d'esprit bien ancré et axé sur les données peut propulser l'organisation vers une amélioration et une innovation continues.

Pour favoriser avec succès une culture axée sur les données, il faut commencer par comprendre et valider le potentiel des données dans la transformation de l'organisation. Cela nécessite un effort partagé de la part de la direction et des employés pour que les données fassent partie intégrante de leur stratégie, de leurs décisions et de leurs opérations. En appréciant la valeur des données, en garantissant leur accessibilité, en développant la maîtrise des données et en entretenant un état d'esprit axé sur les données, les organisations peuvent véritablement démocratiser les données et se donner les moyens d'un avenir compétitif.

4.1 Importance de la maîtrise des données

Dans une économie mondiale de plus en plus axée sur les données, la capacité de comprendre, d'interpréter et d'analyser de manière réfléchie les données est devenue aussi essentielle que les compétences de base en lecture et en mathématiques. C'est ce que nous appelons la maîtrise des données. C'est la capacité de tirer des informations significatives à partir de données. La maîtrise des données comprend la compréhension de divers types de données et de sources de données, ainsi que la manière d'interpréter et de communiquer les résultats.

Pour qu'une organisation soit véritablement axée sur les données, il est impératif que la maîtrise des données ne se limite pas à une poignée d'experts ou de spécialistes, mais qu'elle soit répandue dans toute l'organisation. Dans une organisation maîtrisant les données, tout le monde, des cadres supérieurs aux travailleurs de première ligne, comprend la valeur des données et peut facilement s'engager dans leur utilisation.

4.1.1 Constituer une main-d'œuvre alphabétisée aux données

La création d'une culture axée sur les données nécessite une approche bien structurée. Cela implique plus que de simples sessions de formation ou des ateliers. Bien que cela soit nécessaire, la promotion de la maîtrise des données doit être considérée comme un processus continu.

Commencez par une évaluation complète de la maîtrise des données dans votre organisation pour identifier les lacunes dans la compréhension. Utilisez cette évaluation pour façonner votre plan d'éducation. Vous pouvez diviser le programme d'alphabétisation en phases commençant par les compétences de base, puis passer aux compétences spécialisées. Utilisez une combinaison de cours, de webinaires, d'apprentissage entre pairs, de mentorat et de projets pratiques pour engager différents styles d'apprentissage.

Donnez à vos employés les moyens de poser des questions, de demander des éclaircissements et d'engager des conversations autour des données. Tirez parti de la narration des données pour rendre les concepts de données abstraits plus concrets et plus accessibles. Une compréhension claire des concepts motivera votre équipe à utiliser les données dans la prise de décision quotidienne.

4.1.2 Leadership et maîtrise des données

Les dirigeants ont un rôle essentiel dans la promotion de la maîtrise des données. Ils ont donné le ton. Les organisations dont les dirigeants maîtrisent les données sont susceptibles d'avoir des employés compétents en matière de données. Les dirigeants doivent plaider en faveur de la maîtrise des données, investir personnellement dans l'amélioration de leurs compétences en matière de données et montrer l'exemple.

Les dirigeants doivent encourager un état d'esprit curieux et interrogateur à l'égard des données au sein de l'équipe. Cela implique de reconnaître que les données n'offrent pas toujours des réponses claires et de promouvoir une vision équilibrée qui respecte les informations fournies par les données, mais ne néglige pas l'expérience et l'intuition des employés.

4.1.3 Gouvernance des données

Une bonne maîtrise des données peut être compromise par des données de mauvaise qualité. La gouvernance des données garantit que les données de votre organisation sont exactes, accessibles, cohérentes et protégées. Des politiques claires de gouvernance des données permettent au personnel de partager, d'interpréter et d'appliquer plus facilement les informations sur les données avec précision et responsabilité. Cela réduit les risques d'interprétations incohérentes et de problèmes de communication. Les politiques devraient également couvrir l'utilisation éthique des données, la confidentialité des données et la conformité réglementaire.

4.1.4 Évolution de la maîtrise des données avec l'organisation

La littératie des données n'est pas une activité ponctuelle. À mesure que l'organisation et ses stratégies évoluent, les besoins en matière de maîtrise des données changeront également. Une approche prospective de la littératie des données prévoit cette évolution en intégrant la flexibilité dans le processus et en favorisant une culture d'apprentissage continu.

En améliorant la maîtrise des données, votre organisation démocratise non seulement les données, mais donne également à votre équipe les compétences nécessaires pour naviguer dans un avenir axé sur les données. Chaque individu alphabétisé devient un pilier du changement de culture, car il utilise les données dans son rôle et incite les autres à faire de même, favorisant ainsi une culture organisationnelle véritablement axée sur les données.

5. Principes de démocratisation des données

5.1 Adopter une culture de transparence

À l'ère de la démocratisation des données, l'un des principes les plus essentiels consiste à favoriser une culture de transparence au sein de l'organisation. L'idée est simple, mais incroyablement puissante : plus les données sont accessibles et claires, plus le processus décisionnel est éclairé.

Comprendre la transparence des données

La transparence des données fait référence aux actions et politiques qui augmentent la disponibilité et la clarté des données. Il s'agit de rendre les données accessibles à tous les membres d'une organisation, afin qu'ils puissent les étudier, les interpréter et prendre des décisions.

Avant tout, il est crucial de comprendre l'étendue et la profondeur de la transparence des données. Il ne s'agit pas simplement de rendre les chiffres disponibles. Plus encore, il est important de veiller à ce que ces chiffres – les données – soient faciles à comprendre, à interpréter et à utiliser. Plus important encore est le fait que les données doivent être fiables, précises et alignées sur les faits sur le terrain.

L'importance de la transparence des données

La transparence des données revêt une importance primordiale dans les domaines commerciaux où les décisions critiques sont basées sur des données complexes. Il peut servir de point de contrôle pour l'exactitude et la bonne gouvernance des données. De plus, cela peut favoriser la confiance entre les membres de l'organisation, les parties prenantes et les parties externes telles que les clients.

En outre, la transparence des données peut également améliorer l'efficacité. Lorsque les données sont facilement disponibles et accessibles, cela réduit le temps nécessaire à la collecte, au traitement et à l'extrapolation des données. Il encourage également la prise de décision basée sur les données à tous les niveaux de l'organisation, ce qui peut conduire à une élaboration et une exécution plus efficaces.

Étapes vers la transparence des données

Pour les organisations qui souhaitent instaurer la transparence des données, voici quelques étapes essentielles à prendre en compte :

1. **Rendre l'accès aux données omniprésent :** l'idée de base de la démocratisation des données repose sur le fait que les données sont à la disposition de tous. Cela implique que les données doivent être rendues accessibles à toute personne souhaitant les utiliser. Qu'il s'agisse des data scientists qui rédigent des requêtes complexes ou des managers qui travaillent sur des rapports, ils doivent avoir un accès facile aux données pour effectuer leur travail efficacement.
2. **Assurez-vous que les données sont compréhensibles :** il ne suffit pas d'avoir les données. Il est tout aussi important de le rendre compréhensible. Cela inclut des étiquettes d'ensemble de données claires, des métadonnées complètes, des formats facilement lisibles et des explications complètes disponibles.
3. **Maintenir l'exactitude des données :** Sans données précises et fiables, les décisions prises pourraient avoir des effets négatifs. Des systèmes doivent être en place pour auditer, nettoyer et vérifier régulièrement les données afin de maintenir leur exactitude.
4. **Former et éduquer :** Une culture de la transparence ne peut être atteinte que si tout le monde comprend et valorise l'importance des données. Des sessions complètes de formation et d'éducation doivent être organisées pour s'assurer que chacun sait comment utiliser et interpréter les données.
5. **Garantir la confidentialité et la sécurité :** tout en s'efforçant d'assurer la transparence, la confidentialité et la sécurité ne doivent pas être compromises. Des politiques de gouvernance et de gestion des données appropriées peuvent garantir que les données sensibles sont bien protégées.

En conclusion, favoriser une culture de la transparence est un principe essentiel de la démocratisation des données. Il encourage une prise de décision éclairée et efficace, renforce la confiance interne et externe et améliore la performance globale de l'entreprise. Cependant, les organisations doivent aborder ce processus de manière stratégique, en équilibrant la transparence avec la sécurité et la confidentialité des données.

5.1 Comprendre la nature de la démocratie des données

La démocratie des données, à la base, signifie donner aux gens la possibilité d'accéder, d'interpréter et d'utiliser les données de manière indépendante. Il s'agit d'éliminer les obstacles à l'utilisation et à la distribution des données, afin de rendre les données plus accessibles à chaque individu, quelle que soit son expertise technique. Comprendre cette nature de la démocratie des données est le tout premier principe qui donnera du pouvoir à toute organisation, qu'elle soit grande ou petite.

5.1.1 Garantir l'exactitude et la transparence des données

Un aspect clé d'une démocratisation réussie des données est d'assurer l'exactitude et la transparence des données partagées. Cela implique de vérifier la source des données et de s'assurer qu'elles sont à jour et pertinentes pour les utilisateurs visés. Des données transparentes et précises donnent aux individus la confiance nécessaire pour prendre des décisions fondées sur les données sans craindre des écarts ou des interprétations erronées.

5.1.2 Favoriser une culture des données

La démocratisation des données ne peut se faire du jour au lendemain. Cela nécessite de favoriser une culture des données au sein de l'organisation où chaque personne, de la haute direction aux employés de première ligne, comprend la valeur des données et leur potentiel à générer des résultats commerciaux. Les types de données, les moyens d'y accéder et de les utiliser, l'importance de la confidentialité et de la conformité des données, tout cela devrait être ancré dans les politiques et pratiques de gouvernance.

5.1.3 Encourager la maîtrise des données

S'assurer que les données sont accessibles est important, mais si les individus ne comprennent pas comment utiliser ou interpréter les données, le concept de démocratisation est inutile. Les organisations doivent investir dans l'amélioration de la maîtrise des données chez tous les niveaux d'employés grâce à des programmes de formation complets. Cela comprend leur apprendre à poser les bonnes questions, à manipuler les données pour obtenir des informations et à utiliser divers outils de visualisation et d'analyse des données.

5.1.4 Mettre en œuvre les bons outils et la bonne technologie

Dans un environnement de données démocratique, les données doivent être mises à disposition de manière à ce que les gens puissent facilement les comprendre et les utiliser à leur avantage. Ici, le rôle des bons outils et de la bonne technologie ne peut être sous-estimé. Le logiciel ou la plate-forme appropriée doit être capable de collecter, de traiter, de stocker, d'analyser et de visualiser les données, ce qui facilite la compréhension et l'utilisation des données par les personnes.

5.1.5 Priorité à la sécurité des données

Si la démocratisation des données encourage la libre circulation de l'information, cela ne signifie pas que toutes les données doivent être mises à la disposition de tous. Il est clairement nécessaire de maintenir un équilibre entre la transparence de l'accès aux données et la confidentialité et la sécurité des données. Ainsi, les organisations doivent mettre en œuvre des mesures de sécurité robustes telles que le contrôle d'accès, le cryptage et l'anonymisation, garantissant que seules les personnes autorisées peuvent accéder à des données spécifiques.

5.1.6 Maintien des normes éthiques

Démocratiser les données ne signifie pas ignorer les aspects éthiques. Il est nécessaire de respecter la vie privée des individus et de sécuriser les informations sensibles. La pratique consistant à garantir la conformité éthique doit faire partie de la stratégie de données de l'organisation afin d'éviter une mauvaise utilisation ou un abus des données.

Dans le cheminement vers la démocratisation des données, chaque organisation peut être confrontée à des défis uniques en fonction de ses pratiques passées en matière de données, de sa structure organisationnelle, de sa culture et des normes de l'industrie. En adhérant à ces principes, une organisation peut surmonter ces obstacles et donner véritablement à ses employés les moyens de conduire des changements productifs et fondés sur les données. N'oubliez jamais qu'une approche démocratique des données d'entreprise ne signifie pas moins de contrôle, mais plutôt une « autonomisation contrôlée ». L'objectif final est de créer un environnement dans lequel les données peuvent être exploitées à leur plein potentiel par chaque individu d'une organisation, transformant ainsi les données en un atout précieux et démocratisé.

5.5 Adopter une approche ascendante

Pour faire progresser la démocratisation des données dans toute organisation, l'adoption d'une approche ascendante est essentielle. Avec cette approche, chaque individu à tous les niveaux d'une organisation fait partie de l'initiative. L'approche ascendante permet aux employés de différents niveaux de participer activement au processus de démocratisation et de comprendre la valeur des données.

Comprendre l'approche ascendante

Fondamentalement, l'approche ascendante implique de commencer par le niveau de détail le plus petit ou le plus simple et de progresser vers le haut. Dans le contexte de démocratisation des données, il s'agit de donner à tous les collaborateurs les moyens d'accéder et d'interpréter les données, quel que soit leur rang dans l'organisation.

Lorsque les données sont traitées et traitées uniquement par des personnes spécifiques ou un service particulier, cela conduit souvent à une situation de goulot d'étranglement.

Cela empêche les données et les informations d'être utilisées à leur plein potentiel. Par conséquent, le processus de prise de décision organisationnelle en souffre. Mais en promouvant une culture d'accès et d'analyse des données à tous les niveaux de l'organisation, ce goulot d'étranglement peut être atténué.

Avantages de l'adoption d'une approche ascendante

L'adoption d'une approche ascendante de la démocratisation des données garantit que chacun dans l'organisation comprend son rôle dans le traitement et la gestion des données. Certains des avantages liés à l'intégration de ce cadre comprennent :

- **Prise de décision améliorée** : lorsque tous les membres de l'organisation ont accès aux données, ils sont bien équipés pour prendre des décisions éclairées et efficaces. Les informations tirées des données permettent aux individus à tous les niveaux de contribuer à la prise de décision stratégique.
- **Innovation** : Avec plus de cerveaux analysant les données, la probabilité d'innovation augmente. De nouvelles perspectives, idées et solutions peuvent naître lorsqu'un groupe diversifié de personnes examine le même ensemble de données.
- **Agilité accrue** : un flux d'informations plus fluide permet aux équipes d'être plus agiles. Ils peuvent réagir rapidement aux changements de données et ajuster leurs stratégies en conséquence.
- **Autonomisation des employés** : dans une approche ascendante, les employés se sentent plus valorisés, car ils sont directement impliqués dans les processus organisationnels vitaux. Ce sens de l'implication et de

la reconnaissance favorise le sens des responsabilités, contribuant à la satisfaction au travail et à la productivité.

Mettre en œuvre une approche ascendante

La mise en œuvre d'une approche ascendante nécessite un changement dans la culture et l'état d'esprit d'une organisation, ainsi que le bon ensemble d'outils permettant aux employés d'accéder aux données et de les analyser. Les étapes suivantes sont essentielles pour y parvenir :

- **Promouvoir une culture d'accès aux données :** pour garantir que chaque employé, quel que soit son service ou son ancienneté, se sente habilité à accéder aux données pertinentes, favorisez une culture organisationnelle soutenant activement l'accès aux données.
- **Investissez dans des outils conviviaux :** implémentez des outils qui permettent aux personnes ayant peu ou pas de compétences techniques d'accéder, d'analyser et d'interpréter les données. Un logiciel convivial et intuitif encourage l'exploration des données dans toutes les facettes de votre organisation.
- **Fournir une formation et un soutien continus :** fournir des sessions de formation et des ressources régulières maintiendra la qualité de l'interprétation des données et dissipera toute intimidation que les employés pourraient avoir à l'égard du traitement des données.
- **Établissez une gouvernance des données robuste :** pour éviter une mauvaise utilisation ou une mauvaise interprétation des données, établissez une

stratégie complète de gouvernance des données. Cela comprendrait la définition claire des rôles, des responsabilités et des responsabilités liés aux données.

La démocratisation des données est une initiative globale. L'adoption d'une approche ascendante offre aux organisations la possibilité d'exploiter pleinement les avantages de la démocratisation des données, en créant un environnement qui encourage l'apprentissage continu, l'amélioration et l'innovation, contribuant de manière significative à la croissance et au succès global de l'entreprise.

5.1 Promouvoir la transparence dans votre organisation

Un principe clé associé à la démocratisation des données est la transparence, qui est fondamentale pour favoriser une culture de confiance et d'ouverture au sein de votre organisation. La transparence signifie essentiellement rendre l'information accessible, entièrement compréhensible et utilisable par l'ensemble des utilisateurs d'une organisation. Dans ce contexte, l'information fait référence aux éléments de données importants qui sont essentiels aux opérations et aux stratégies d'une organisation.

Lorsque les données sont verrouillées ou accessibles uniquement à quelques privilégiés, cela engendre un environnement de méfiance et restreint la pensée innovante. Cependant, lorsque les données sont démocratisées et accessibles à tous, elles responsabilisent l'ensemble du personnel, favorisant les synergies interfonctionnelles et créant de nombreuses opportunités d'innovation.

Mesurer et maintenir la transparence

La transparence peut être mesurée par la facilité avec laquelle les données peuvent être consultées et comprises par les membres de l'organisation à tous les niveaux. La façon dont les employés comprennent les données qu'ils utilisent quotidiennement dans leurs fonctions, la rapidité avec laquelle ils peuvent accéder aux points de données souhaités et la manière dont ils peuvent naviguer intuitivement dans le lac de données ou le référentiel de l'organisation sont autant d'indicateurs de transparence.

Maintenir la transparence n'est pas un acte ponctuel mais un processus continu. Ça implique:

- **Systèmes d'accès aux données conviviaux** : implémentez des étapes intuitives et faciles à utiliser pour accéder aux données. Il doit tenir compte à la fois des utilisateurs techniques et non techniques. Des séances de formation doivent être organisées pour aider les employés à comprendre et à utiliser efficacement ce système.
- **Contrôle de la qualité** : Il est essentiel d'assurer constamment la qualité des données. L'incohérence, la redondance ou l'inexactitude des données peuvent entraîner des décisions ou des informations erronées. Il est recommandé d'utiliser des outils ou services de gestion de la qualité des données pour obtenir des données précises et fiables.
- **Gouvernance des données** : Établissez une politique de gouvernance des données robuste pour garantir que les données démocratisées sont bien gérées, sécurisées et utilisées de manière contrôlée. La politique doit inclure des détails sur les responsabilités des utilisateurs, les contrôles d'accès,

les normes, la confidentialité et même un processus pour résoudre les problèmes de données.

- **Mécanisme de rétroaction** : encouragez les employés à fournir des commentaires sur les problèmes liés aux données. Qu'il s'agisse de la clarté des données ou de la fonctionnalité de votre système de données, une communication transparente garantira des améliorations continues.

Avantages de la promotion de la transparence

La transparence peut être transformatrice pour une organisation. Voici quelques-uns des avantages :

- **Encourage l'innovation** : lorsque chaque individu a accès aux données de l'organisation, il peut proposer des solutions créatives pour résoudre les problèmes existants ou développer de nouvelles stratégies.
- **Résolution et prise de décision** : comme chaque employé a accès aux mêmes données, ils ont tous une chance égale de fournir des informations, d'assurer une résolution plus rapide des problèmes et de contribuer au processus de prise de décision.
- **Efficacité** : Chacun peut accéder aux données dont il a besoin sans attendre le feu vert de sa hiérarchie, gain de temps et gain de productivité.
- **Opportunités d'apprentissage** : L'accès aux données de différents secteurs au sein de l'organisation peut être une excellente opportunité d'apprentissage et contribuer à la croissance globale.

Cependant, si la transparence présente une pléthore d'avantages, elle est également nécessaire pour garantir la confidentialité des données sensibles. Cela peut être réalisé en utilisant des méthodes de protection des données robustes, en préservant les avantages de la transparence tout en garantissant la sécurité des données sensibles.

En conclusion, un système transparent est un principe crucial dans la démocratisation des données. Cela améliore non seulement la productivité et l'efficacité, mais favorise également une culture de confiance, d'apprentissage et de collaboration entre les employés d'une organisation. Il est pourtant essentiel de garder à l'esprit que la transparence doit être régie par des cadres solides de protection des données et de gouvernance afin d'éviter toute utilisation abusive des données. En équilibrant transparence et sécurité, les organisations peuvent encourager l'innovation et la croissance dans un environnement sécurisé et collaboratif.

5.1 La démocratisation commence par la culture des données

Avant d'entrer dans les détails de la démocratisation des données, nous devons d'abord aborder le principe fondamental qui la sous-tend et la permet : la culture d'une solide culture des données. La démocratisation des données ne consiste pas simplement à fournir un accès aux données ; il s'agit de favoriser un environnement dans lequel les données sont valorisées et comprises comme un outil essentiel pour l'amélioration organisationnelle, quel que soit le rôle ou le service. Ce type d'état d'esprit ne se forme pas du jour au lendemain, mais émerge d'un engagement persistant à donner à tous les membres de l'organisation les moyens de disposer de données.

Pourquoi la culture des données est-elle importante ?

La culture des données ne consiste pas seulement à disposer d'un ensemble d'outils et de technologies ; il s'agit de la manière dont les individus au sein d'une organisation perçoivent et utilisent les données dans leurs flux de travail quotidiens.

Dans une culture data forte :

- **Les données sont fiables.** La confiance est essentielle à une culture des données florissante. Lorsque les individus font confiance aux données avec lesquelles ils travaillent, ils sont plus susceptibles de les utiliser pour prendre des décisions. Par conséquent, les organisations doivent s'assurer que les données sont exactes, protégées et régulièrement mises à jour.
- **Les données sont accessibles.** Si les données sont confinées à des individus ou à des services spécifiques au sein de l'organisation, cela crée des silos de connaissances. Une solide culture des données garantit que chaque employé peut accéder aux données dont il a besoin, quand il en a besoin.
- **La maîtrise des données est une priorité.** La démocratisation nécessite une maîtrise des données, c'est-à-dire la capacité de tous les membres d'une organisation à comprendre, analyser et communiquer avec les données. Cela inclut des compétences de base telles que la compréhension des méthodes de collecte de données et la manière d'interpréter les visualisations, jusqu'à des compétences plus avancées telles que l'analyse statistique.
- **Les données sont régulièrement utilisées dans les processus décisionnels.** Une culture des données considère les données non pas comme un élément facultatif, mais comme un élément essentiel de la prise de décision. Des simples décisions aux grands

plans stratégiques, tous s'appuient sur des données pertinentes.

Comment encourager une forte culture des données ?

Cultiver une culture démocratique des données nécessite des efforts concertés dans l'ensemble de l'organisation. Voici quatre stratégies clés :

- **Gestion du changement** : la transition d'une culture de données traditionnelle à une culture démocratisée peut être intimidante. Cela nécessite de solides compétences en gestion du changement. Développez une vision claire de la manière dont la démocratisation des données peut profiter à votre organisation et communiquez efficacement ce changement.
- **Formation et éducation** : fournir des ressources pour aider les membres de l'équipe à développer leurs compétences en matière de maîtrise des données. N'oubliez pas que la démocratisation n'est pas possible si vos collaborateurs sont incapables de comprendre et d'analyser les données dont ils disposent.
- **Constituez une équipe de données** : envisagez de former une équipe dédiée à la gestion des données, à la gouvernance des données et à l'assistance aux personnes qui pourraient être moins familiarisées avec l'utilisation des outils de données.
- **Commentaires et itérations** : gardez les lignes de communication ouvertes et accueillez les commentaires. Soyez prêt à réitérer vos stratégies et à changer de cap si nécessaire.

N'oubliez pas que la démocratisation des données n'est pas un projet ponctuel ; c'est un processus itératif qui évolue avec l'organisation. Vos stratégies doivent être suffisamment flexibles pour s'adapter aux nouvelles avancées technologiques et aux changements au sein de l'organisation ou du secteur. L'objectif doit cependant toujours rester le même : remettre les données entre les mains de ceux qui peuvent en tirer de la valeur.

En développant une solide culture des données, votre organisation jette les bases d'une démocratisation réussie des données. Dotés d'une culture qui valorise les données, les individus peuvent utiliser les données pour piloter la prise de décision, inspirer l'innovation et générer des informations qui propulsent l'organisation vers l'avant.

6. Défis importants dans la démocratisation des données

6.1 Comprendre la complexité et surmonter les silos de données

La nature complexe des données constitue l'un des défis les plus importants de la démocratisation des données. Les données sont complexes et déterminent essentiellement chaque composant d'une organisation. La démocratisation des données implique de rendre les données accessibles à tous dans une organisation particulière, quel que soit son rang ou son poste. Bien qu'en théorie cela semble simple, en pratique, permettre à chacun d'accéder aux données et de les utiliser n'est pas une tâche simple. La complexité vient du volume, de la vitesse et de la variété des données, également connues sous le nom de 3V des données.

Le volume fait référence à la quantité de données générées et stockées dans différentes parties de l'organisation. Chaque partie d'une entreprise, de la logistique et de la finance au marketing et au service client, produit quotidiennement de grandes quantités de données. Sans systèmes de données sophistiqués et sans formation adéquate, il peut être difficile de gérer ce volume de données, ce qui entraîne des surcharges de données et un chaos informationnel.

La vélocité concerne la vitesse élevée à laquelle les données sont générées. Dans le monde numérique d'aujourd'hui, les entreprises produisent des données à une vitesse vertigineuse : chaque clic, vue ou interaction avec un service numérique produit des données. Avec une génération de données aussi rapide, les entreprises peuvent avoir du mal à traiter et analyser les données de manière rapide et efficace si aucune infrastructure appropriée n'est en place.

La variété représente différents types de données. Les entreprises gèrent simultanément des données structurées (comme les bases de données) et des données non structurées (comme les e-mails et les publications sur les réseaux sociaux). La différence significative de nature et de format entre les différents types de données contribue à la complexité des données. Ainsi, avoir des employés formés pour gérer, comprendre et tirer des informations significatives de ces différents types de données devient nécessaire, ce qui constitue un défi en soi.

Un autre problème majeur lié à la démocratisation des données concerne les silos de données. Les silos de données sont essentiellement des systèmes ou des référentiels de données autonomes qui sont sous le contrôle d'un service particulier au sein d'une organisation et sont isolés du reste de l'organisation. Ces sources de données séparées rendent difficile l'obtention d'une vue unifiée des données ou l'obtention d'informations optimales.

Les ministères, pour diverses raisons, gardent souvent leurs données en vase clos. Cela peut être dû à des difficultés techniques, à une concurrence entre les services ou à un niveau de méfiance entre les différents services. Quelles que soient les raisons sous-jacentes, les silos de données créent plusieurs problèmes, tels qu'entraver la fluidité de la circulation des informations dans une organisation et gaspiller des informations précieuses qui pourraient être tirées d'une analyse de données complète et interdépartementale.

La complexité des données et les silos de données peuvent être surmontés grâce à une stratégie de données solide. Cette stratégie doit inclure des plates-formes de données appropriées, une formation adéquate pour que les employés comprennent et utilisent efficacement les données, ainsi qu'un changement dans la culture organisationnelle qui encourage le partage et l'utilisation ouverts des données. En relevant ces défis, la démocratisation des données peut véritablement responsabiliser une organisation et faciliter la prise de décision basée sur les données à tous les niveaux.

6.1 Naviguer dans le maquis des règles de confidentialité et de sécurité des données

L'un des défis les plus importants auxquels sont confrontées les organisations dans leur quête de démocratisation des connées est de garantir la confidentialité des données et de se conformer aux réglementations de sécurité. Le paysage actuel de la législation mondiale et locale est rempli de complexités et d'ambiguïtés quant à la manière dont les entreprises doivent gérer, collecter et traiter les données. Le chevauchement entre les intérêts des entreprises, les droits individuels à la vie privée et la sécurité nationale rend la situation encore plus multiforme.

À l'ère de la démocratisation des données, la confidentialité des données n'est pas seulement une question de discrétion : c'est un devoir contraignant. La vaste piste numérique des identifiants personnels, de l'historique des transactions, des données de localisation, des informations démographiques et des informations comportementales est devenue une cible pour les cybercriminels. Dans cette optique, des réglementations strictes en matière de protection des données telles que le Règlement général sur la protection des données (RGPD) en Europe et le California Consumer Privacy Act (CCPA) aux États-Unis ont été créées pour appliquer des contrôles stricts sur la manière dont les données des consommateurs sont traitées.

Si ces lois contribuent à établir une norme en matière de sécurisation des données personnelles, leur introduction présente des défis majeurs pour les entreprises qui tentent de démocratiser leurs données. Ils doivent désormais naviguer dans les eaux délicates de la collecte, du partage et de l'analyse licites des données au sein de l'organisation tout en garantissant la protection de la vie privée des individus. Si une organisation ne respecte pas la réglementation, elle s'expose à des amendes écrasantes et à de graves atteintes à sa réputation.

Cependant, les risques posés par ces obligations ne proviennent pas seulement de la responsabilité juridique mais également de la vulnérabilité potentielle des données elles-mêmes. Si les données d'une organisation tombent entre de mauvaises mains, les conséquences pourraient être désastreuses, entraînant à la fois une atteinte à la réputation et des pertes financières. Les organisations qui démocratisent les données doivent intégrer des mesures de sécurité robustes dans le cycle de vie des données, garantissant que les données sont protégées lorsqu'elles sont au repos, en mouvement et en cours d'utilisation.

Les défis spécifiques dans ce domaine comprennent :

- **Surprotection des données** : Contre toute attente, une trop grande importance accordée à la sécurité des données pourrait entraver la progression de la démocratisation des données. La surprotection peut conduire à des contrôles d'accès excessifs, entravant la capacité des employés de l'organisation à accéder aux données et à les analyser.
- **Manque de formation des employés** : tous les employés ne sont pas au courant des lois et réglementations en matière de confidentialité régissant leur utilisation des données. Sans une formation adéquate, ils peuvent mal gérer les données, entraînant des violations accidentelles qui auraient pu être évitées.
- **Équilibrer l'accessibilité et la sécurité** : équilibrer le besoin d'accessibilité des données avec des mesures de sécurité strictes est souvent une tâche délicate. Si ouvrir grandes les portes des données fait progresser la démocratisation, cela augmente également la vulnérabilité des données. D'un autre côté, des contrôles stricts sur les données peuvent entraver la capacité de l'organisation à extraire de la valeur de ses données.

Pour surmonter ces défis, les organisations doivent adopter une approche de confidentialité dès la conception, en intégrant dès le départ des mesures de confidentialité dans leur technologie, leurs opérations et leurs stratégies commerciales. Pour accompagner cela, la création d'une solide culture d'éthique et de confidentialité des données contribuera à assurer la conformité à tous les niveaux et facilitera une démocratisation des données sûre et efficace.

Il est également recommandé d'investir dans des technologies avancées telles que des outils automatisés de confidentialité des données et des techniques de cryptage.

En conclusion, bien que naviguer dans le fourré des règles de confidentialité et de sécurité des données soit une tâche ardue, c'est une nécessité dans le monde actuel axé sur les données. En traitant la confidentialité et la sécurité comme des pierres angulaires de la démocratisation des données plutôt que comme des obstacles, les organisations peuvent atteindre un équilibre durable, responsabilisant leurs employés tout en protégeant les actifs critiques.

6.1 Surmonter les silos de données

L'un des défis fondamentaux dans la quête de démocratisation des données est l'existence de silos de données. Pour mieux comprendre cela, il faut d'abord définir ce qu'ils sont. Les silos de données sont des structures qui existent lorsque différents services ou groupes au sein de votre organisation disposent de données qu'ils ne partagent pas avec d'autres. En termes moins jargonneux, il s'agit essentiellement d'accumuler des données dans différents coins de votre organisation. Ces silos entravent la fluidité du flux de données au sein de l'organisation, limitant ainsi leur accès à quelques groupes ou individus sélectionnés.

De plus, ces silos de données peuvent être soit technologiques, où différents départements utilisent des systèmes et des logiciels incompatibles, soit culturels, où il n'y a aucune incitation ou habitude de partager des données entre les équipes. Ces différences non seulement entravent le flux d'informations, mais entraînent également des incohérences, des données redondantes et un manque de vision globale, qui ont tous un impact négatif sur la prise de décision.

Pour surmonter les silos de données, il est fondamental d'établir une culture de transparence et d'ouverture dans votre organisation. Cela nécessite de briser ces silos en intégrant des sources de données et en développant des protocoles standardisés pour le partage des données. Parfois, cela peut également nécessiter l'adoption de nouvelles technologies ou de nouveaux logiciels permettant une intégration transparente, une meilleure organisation et un meilleur accès aux données.

Des efforts supplémentaires de sensibilisation et de formation sont nécessaires pour encourager les employés à accéder à ces données intégrées et à les utiliser. Pour que la démocratisation des données prospère, les employés à tous les niveaux doivent comprendre la valeur des données et être capables de les utiliser efficacement. Par conséquent, des ateliers et des séminaires de routine sur la maîtrise des données pourraient être un ajout nécessaire au calendrier de formation de l'organisation.

6.2 Gérer la qualité des données

Un autre obstacle important sur la voie de la démocratisation des données est le maintien et la garantie de la qualité des données. Une organisation peut avoir accès à des quantités astronomiques de données, mais si ces données sont inexactes, trompeuses ou obsolètes, elles ne sont d'aucune utilité. Au contraire, des données de mauvaise qualité pourraient conduire à des analyses erronées et à des prises de décision erronées, faisant ainsi plus de mal que de bien.

L'assurance de la qualité des données commence dès le moment où nous obtenons les données. Les données sourcées doivent être validées pour leur exactitude avant le stockage. Des précautions doivent être prises pour nettoyer et prétraiter les données régulièrement afin d'éliminer les incohérences, les redondances et les inexactitudes. De plus, les données obsolètes et non pertinentes doivent être purgées pour s'assurer que les données analysées reflètent les tendances et les scénarios actuels.

À cette fin, une organisation peut avoir besoin de logiciels et d'outils avancés capables d'automatiser ces processus de validation et de nettoyage des données. En outre, il peut également être nécessaire de former son personnel aux techniques de gestion et de traitement des données afin de minimiser les erreurs humaines.

En résumé, la démocratisation des données n'est pas sans défis. Cela nécessite un effort concerté à tous les niveaux de l'organisation, depuis la haute direction favorisant une culture de partage des données, jusqu'au personnel de niveau le plus bas comprenant l'importance des données et leur utilisation correcte. Cependant, avec des stratégies, des outils appropriés et un plan d'action clair, ces défis peuvent largement être surmontés. Et comme vous le verrez dans les chapitres suivants, les avantages dépassent largement les obstacles.

6.3 Naviguer dans les considérations juridiques et éthiques

La démocratisation des données pose non seulement des défis technologiques et organisationnels, mais aussi des défis juridiques et éthiques. Diverses lois et réglementations guident la manière dont les organisations peuvent collecter, stocker, partager et utiliser les données. La violation de l'une de ces règles pourrait entraîner de lourdes amendes et nuire à la réputation de l'organisation.

Les organisations doivent être attentives aux lois sur la confidentialité des données telles que le RGPD dans l'Union européenne ou le CCPA en Californie, qui visent à protéger les droits à la vie privée des individus. Il est essentiel que chaque employé qui traite des données comprenne ses devoirs et responsabilités en vertu de ces lois. Cette formation doit inclure une compréhension de l'importance du consentement aux données, des limites d'utilisation des données, des droits individuels sur leurs données et des responsabilités de l'organisation en matière de sécurité des données et de violation des données.

Outre le paysage juridique, les considérations éthiques sont primordiales lorsqu'il s'agit de traiter des données. Même si la loi autorise une utilisation particulière des données, elle peut néanmoins être considérée comme contraire à l'éthique. Il est donc essentiel de favoriser une culture éthique autour de l'utilisation des données au sein de l'organisation. Il devrait guider la manière dont les données doivent être utilisées de manière responsable, en tenant compte de leur impact sur les individus et la société dans son ensemble.

Par conséquent, il est impératif d'investir du temps et des ressources dans la formation juridique et éthique, non seulement pour les cadres supérieurs, mais également pour chaque employé traitant des données. Cela garantit que la démocratisation des données est déployée de manière responsable et durable.

Dans le chapitre suivant, nous explorerons comment la démocratisation des données est liée aux efforts de transformation numérique - un changement fondamental que ce nombreuses organisations adoptent aujourd'hui. Nous explorerons des études de cas, comprendrons les avantages et naviguerons dans les complexités qui se trouvent à la convergence de ces sujets vastes et importants.

6.1 Surmonter les silos et la fragmentation des données

La tâche de démocratiser les données est un engagement à surmonter les structures organisationnelles traditionnelles qui contribuent à la formation de silos d'informations, où les données restent piégées, inaccessibles et sous-utilisées. L'un des obstacles les plus importants à la démocratisation des données est la fragmentation des données, souvent appelée « cloisonnement des données ». Ces silos sont des référentiels de données fixes auxquels les autres sections et départements d'une organisation ne peuvent pas accéder. Les silos de données sont problématiques car ils limitent le flux de données, ce qui empêche divers groupes d'exploiter des informations précieuses sur les données.

6.1.1 Implications des silos de données

Les silos de données limitent non seulement la circulation des données au sein d'une organisation, mais contribuent également à une interprétation biaisée des données, à une duplication des efforts et à une prise de décision inexacte. Malgré une abondance de données, les organisations peuvent ne pas être en mesure d'exploiter leur véritable potentiel en raison de données cloisonnées. La nature confinée et non partagée des données cloisonnées entraîne en outre une plus grande complexité dans l'analyse des données, entravant la transition d'une organisation vers des opérations et une prise de décision basées sur les données.

6.1.2 Briser les silos de données

Aussi difficiles que cela puisse être, les silos de données peuvent être démantelés pour parvenir à la démocratie des données. L'unification des systèmes de données est cruciale, et cela peut être réalisé grâce à des méthodes telles que la planification des ressources d'entreprise (ERP) ou la gestion de la relation client (CRM). L'adoption d'outils d'intégration de données, la mise en place d'un entrepôt de données centralisé et la promotion d'une culture d'entreprise respectueuse des données peuvent aider.

Les solutions basées sur le cloud peuvent également jouer un rôle essentiel dans la réduction de la fragmentation des données en créant une source unique de vérité (SSOT) disponible dans toute l'organisation. Il favorise le partage de données en temps réel, la collaboration et un processus décisionnel enrichi.

Le développement de canaux de communication ouverts entre différents départements contribue également à briser les silos de données. Des interactions fréquentes, associées à la bonne technologie, peuvent faciliter en douceur le partage de données interdépartementales et la génération d'informations.

6.1.3 Le rôle de la gouvernance des données

Les politiques de gouvernance des données sont essentielles pour gérer l'accessibilité, l'exactitude et la confidentialité des données. La mise en œuvre d'un cadre de gouvernance des données à la fois robuste et flexible garantit que, même si les données sont largement disponibles, leur qualité et leur sécurité sont également surveillées. Il contribue à trouver un équilibre en éliminant l'utilisation malveillante des données et en promouvant l'utilisation responsable des données, contribuant ainsi à l'évolution de la démocratie des données.

En attribuant des rôles et des responsabilités clairs en matière de gestion des données, en créant des protocoles stricts pour l'utilisation des données et en utilisant la technologie pour mettre en œuvre ces pratiques, les organisations peuvent contrer les problèmes liés aux silos et à la fragmentation des données.

En conclusion, les silos et la fragmentation des données représentent des défis importants pour la démocratisation des données. Cependant, en appliquant les bonnes stratégies, en utilisant des outils avancés, en promouvant une communication ouverte et en établissant de solides cadres de gouvernance des données, nous pouvons surmonter ces obstacles pour favoriser la croissance des organisations axées sur les données. C'est un voyage continu et méticuleux, mais les récompenses – croissance de l'entreprise, efficacité accrue et capacités de prise de décision améliorées – valent bien l'effort. En éliminant les silos de données, nous rapprochons les organisations d'une véritable démocratie des données.

6.1 Gestion de la qualité des données

Un aspect essentiel à noter lors de l'adoption de la démocratisation des données au sein d'une organisation est la gestion de la qualité des données. Dans le même temps, cela s'avère être l'un des défis les plus importants, car la responsabilité du maintien de la qualité des données s'étend au-delà des seules équipes de données et informatiques et implique désormais tous les utilisateurs de l'organisation.

La démocratisation des données signifie donner accès à tous, y compris à ceux qui ne disposent pas de l'expertise technique nécessaire pour gérer correctement les données et les interpréter avec précision. Chaque membre de l'équipe, quelles que soient ses compétences en matière de données, doit être responsable de la qualité des données. Cette situation peut entraîner des incohérences, des inexactitudes et, par conséquent, des données de mauvaise qualité, contribuant ainsi à une prise de décision sous-optimale.

De plus, des problèmes liés à l'incohérence des données peuvent découler du manque de pratiques standardisées de collecte, de traitement et d'analyse des données. Sans pratiques standardisées, les ensembles de données peuvent devenir incohérents en raison des variations dans la gestion des données par différentes personnes. Cela peut entraîner des problèmes de comparabilité et de compatibilité lors de l'analyse et de l'interprétation des données.

Ainsi, garantir la cohérence, l'exactitude et la fiabilité des données devient un obstacle important pour les organisations qui s'aventurent dans la démocratisation des données.

6.2 Problèmes de sécurité et de confidentialité

Le risque de violation de données et d'utilisation abusive augmente considérablement avec un accès aux données largement distribué dans toute l'organisation. Équilibrer la transparence des données et la confidentialité devient incroyablement difficile. Les organisations doivent veiller à ce que les données sensibles, telles que les informations personnelles identifiables (PII), soient protégées de manière adéquate pour éviter les complications juridiques et les abus de confiance avec les clients.

De plus, il peut y avoir différents niveaux de sensibilité des données selon le service ou le rôle, et les organisations doivent s'assurer de suivre ces complexités. Toutes les données ne peuvent pas être ouvertes à tous les utilisateurs. Les organisations doivent établir des contrôles d'accès robustes, capables de distinguer quelles données sont accessibles pour quel groupe ou individu et de limiter l'accès aux données en conséquence.

6.3 Connaissance des données

Un autre défi important consiste à favoriser une culture de maîtrise des données au sein de l'organisation. La maîtrise des données fait référence à la capacité de donner un sens, d'interpréter et d'utiliser efficacement les données. Si la démocratisation des données peut signifier que tout le monde a accès aux données, cela ne signifie pas nécessairement que tout le monde sache comment en tirer le meilleur parti.

Les employés ont besoin d'une formation appropriée en matière de traitement des données, de comprendre comment aborder les données, de distinguer les données pertinentes et d'en tirer des informations significatives. Il est important d'augmenter le taux de maîtrise des données parmi les employés, ce qui peut nécessiter du temps, des investissements en ressources et un changement dans la culture organisationnelle.

6.4 Infrastructures et outils

Une démocratisation efficace des données nécessite des outils et une infrastructure de pointe capables de gérer des données volumineuses. Les organisations doivent investir dans le développement d'une infrastructure d'analyse de données avancée capable de stocker, traiter et analyser d'énormes quantités de données.

Ces outils doivent également être conviviaux et intuitifs pour les utilisateurs non techniques, avec des fonctionnalités telles que des interfaces glisser-déposer, des tableaux de bord interactifs, le traitement du langage naturel, la génération automatisée de rapports, etc. De tels outils nécessitent un investissement financier et du temps de formation substantiels. et l'adoption, ce qui pose des défis considérables à de nombreuses organisations.

6.5 Surmonter la mentalité de cloisonnement

Une mentalité de silo se produit lorsque plusieurs départements ou groupes au sein d'une organisation ne souhaitent pas partager des informations avec d'autres dans la même organisation. Cette mentalité peut sérieusement entraver le processus de démocratisation car elle restreint le flux de données et inhibe la collaboration.

Surmonter cet état d'esprit et favoriser une culture de données ouvertes et de collaboration n'est pas une tâche facile et pose un défi important sur la voie de la démocratisation des données.

En conclusion, si la démocratisation des données offre des avantages significatifs et permet aux organisations de prendre des décisions basées sur les données, elle s'accompagne de plusieurs défis. Les organisations doivent relever consciemment ces défis pour intégrer et tirer parti avec succès des stratégies de démocratisation des données dans leurs opérations.

7. Gouvernance des données : une clé pour démocratiser les données

7.1 Comprendre le besoin de gouvernance des données

Une gouvernance efficace des données est essentielle à la démocratisation des données. Il s'agit de l'épine dorsale qui aide les organisations à obtenir des informations fiables et précises à partir de leurs données, qui peuvent être exploitées pour prendre des décisions stratégiques. Pour apprécier pleinement cette pensée, il faut comprendre le concept de gouvernance des données, son importance et comment le mettre en œuvre efficacement.

La gouvernance des données est un cadre de gestion de la disponibilité, de la convivialité, de l'intégrité et de la sécurité des données au sein d'une entreprise. Il s'agit d'un ensemble de règles et de processus qui garantissent la cohérence, l'exactitude, l'accessibilité et la protection des informations de l'entreprise. Ce cadre offre à tous les membres de l'organisation un accès approprié aux bonnes données, au bon moment et au bon format.

La gouvernance des données sert de chien de garde et d'intendant pour les données de votre organisation, garantissant qu'elles sont fiables, pertinentes et dignes de confiance. Il permet de savoir qui utilise les données, à quoi elles servent et garantit que les données ne sont en aucun cas compromises. Sans un modèle de gouvernance solide, les données resteront fragmentées et mal utilisées, conduisant à des informations trompeuses et à de mauvaises décisions stratégiques.

Ainsi, démocratiser vos données ne peut se faire sans mettre en œuvre des mesures efficaces de gouvernance des données. L'obtention d'un accès large et sécurisé à des données utiles et de haute qualité dans votre organisation dépend souvent de la configuration et de la réflexion de votre programme de gouvernance des données. Cependant, la mise en œuvre d'une gouvernance des données peut représenter une entreprise importante.

7.1.1 Étapes de mise en œuvre de la gouvernance des données

Une stratégie robuste de gouvernance des données peut être exécutée en plusieurs étapes. Commencez par acquérir une compréhension approfondie des objectifs et des tactiques de votre entreprise. L'évaluation de l'état actuel de vos données et l'identification des principaux défis en matière de données auxquels l'entreprise est confrontée devraient être la prochaine étape.

1. **Développer une équipe solide** : Pour commencer avec la gouvernance des données, les organisations doivent rassembler une équipe de professionnels qui possèdent une compréhension approfondie du paysage des données et des besoins spécifiques de l'entreprise.
2. **Définir des buts et des objectifs clairs** : il doit y avoir une articulation claire de ce que l'organisation espère réaliser avec ses données. Cela peut aller du respect des normes réglementaires à l'amélioration de la qualité des données ou à la promotion du partage de données entre les divisions.
3. **Créer un dictionnaire et un catalogue de données** : ces outils aident à maintenir la cohérence dans l'ensemble du paysage des données. Un dictionnaire de données contient toutes les définitions des éléments de données, leurs significations et leurs utilisations. D'un autre côté, un catalogue de données sert d'inventaire détaillant tous les actifs de données de l'entreprise, leur emplacement et leurs relations.
4. **Aperçu de l'accès et de l'autorisation aux données** : Avec la démocratisation des données, toutes les parties prenantes devraient pouvoir accéder aux données. Mais avec cette ouverture, il y a un risque. Par conséquent, il est essentiel d'établir

des règles claires pour l'accès et l'utilisation des données afin d'éviter toute utilisation abusive.

5. **Mettre en œuvre une stratégie de qualité des données** : Garantir la qualité des données est la clé d'une gouvernance des données réussie. Des données incorrectes ou de mauvaise qualité peuvent conduire à des conclusions et décisions erronées. En surveillant continuellement la qualité des données, toutes les erreurs, incohérences et divergences peuvent être découvertes et corrigées.

6. **Surveiller et affiner l'approche** : même après la mise en œuvre du système, la surveillance et l'affinement continus doivent faire partie de la stratégie pour s'assurer que le système évolue avec les besoins dynamiques de l'organisation.

En structurant efficacement la gouvernance des données, les organisations peuvent franchir une étape importante vers la démocratisation de leurs données. Cela garantit non seulement que les données sont accessibles à un plus grand nombre d'utilisateurs, mais garantit également que ces données sont fiables et sécurisées. Alors que les organisations s'adaptent constamment aux changements, une gouvernance efficace des données reste un outil polyvalent essentiel qui facilite la démocratisation des données et aide les organisations à prendre des décisions plus éclairées. Avec une compréhension approfondie et une bonne exécution de la gouvernance des données, votre organisation sera sur la bonne voie vers une démocratisation réussie des données.

7.1 Comprendre les éléments de base de la gouvernance des données

Pour démocratiser efficacement les données au sein de votre organisation, comprendre les fondamentaux de la gouvernance des données est primordial. Il s'agit d'une passerelle essentielle pour rendre les données accessibles et utilisables par tous les membres de l'organisation, tout en garantissant l'intégrité, la confidentialité et la qualité des données.

7.1.1 Qualité des données

La qualité des données consiste à garantir que les données sont exactes, cohérentes et mises à jour sur tous les points de contact de l'organisation. Cela implique le nettoyage des données, l'intégration des données, l'enrichissement des données et les méthodes de validation des données pour fournir des informations fiables pouvant être utilisées pour une prise de décision efficace.

7.1.2 Sécurité des données

La démocratisation des données comporte ses propres défis, tels que les violations potentielles de données, les accès non autorisés et l'utilisation abusive des données. Dans le cadre de la gouvernance des données, la sécurité des données garantit que les données ne sont accessibles qu'aux personnes autorisées, et des mesures de protection sont en place pour protéger la vie privée et la confidentialité. Cela peut impliquer des protocoles tels que le cryptage des données, des audits de routine et des contrôles d'accès stricts.

7.1.3 Confidentialité et conformité des données

À mesure que vous démocratisez les données, il devient encore plus important de garantir la confidentialité des données et la conformité aux lois et réglementations telles que le RGPD et le CCPA. La mise en œuvre de mesures proactives de confidentialité des données, telles que l'anonymisation et la pseudonymisation des données, est essentielle pour garantir que les informations sensibles ne sont pas compromises.

7.1.4 Accessibilité des données

Le but ultime de la démocratisation des données est de rendre les données accessibles à tous les employés, quelles que soient leurs connaissances techniques. L'idée est de fournir un système bien défini et simple pour accéder aux données dans un format facile à comprendre. Cela nécessite un système de catalogage de données robuste, des tableaux de bord intuitifs et des outils de visualisation de données conviviaux.

7.1.5 Intendance des données

L'intendance des données implique l'attribution de responsabilités pour le contenu, le contexte et les règles métier associées des données. La nomination de gestionnaires de données pour servir de pont entre l'informatique et l'entreprise peut aider à garantir que les données restent pertinentes, fiables et facilement accessibles.

7.2 Mise en œuvre d'un cadre de gouvernance des données

La création et la mise en œuvre d'un cadre de gouvernance des données sont essentielles à une stratégie efficace de démocratisation des données.

7.2.1 Définir des objectifs clairs

La première étape consiste à identifier ce que vous voulez réaliser grâce à la démocratisation et à la gouvernance des données. Il peut s'agir d'assurer la qualité des données, d'améliorer la visibilité des données, d'assurer la conformité réglementaire, de conduire la transformation numérique ou tout ce qui précède.

7.2.2 Définir les rôles et les responsabilités

Qu'il s'agisse des propriétaires de données qui sont responsables de la qualité des données, des gestionnaires de données qui supervisent leur utilisation ou des dépositaires de données qui contrôlent l'accès, il est crucial de définir clairement le rôle de chacun.

7.2.3 Établir des politiques et des procédures de gouvernance

Établissez des politiques de gestion des données concernant la conformité légale, la protection des données, la qualité des données et l'accessibilité des données. Ces protocoles régiront la manière dont les données sont créées, conservées et utilisées au sein de l'organisation.

7.2.4 Constituer une équipe de gouvernance des données

Constituez une équipe dédiée de data stewards, d'architectes de données, de responsables de la conformité et de dirigeants d'entreprise. Il leur appartient de guider et de superviser la stratégie de gouvernance des données.

7.2.5 Surveiller, mesurer et affiner

La gouvernance des données n'est pas un projet ponctuel mais un processus continu. Surveillez les performances de votre programme de gouvernance des données, mesurez son efficacité et affinez-le si nécessaire.

En intégrant les principes et processus de gouvernance des données, vous pouvez mieux gérer et contrôler vos données. Ceci, à son tour, alimentera la démocratisation des données en rendant les données plus accessibles dans votre organisation, permettant une collaboration, une prise de décision et une croissance commerciales améliorées.

7.2 Construire un cadre de gouvernance des données : un outil d'autonomisation

Dans le domaine de la démocratisation des données, l'établissement d'un cadre solide de gouvernance des données fait partie intégrante. Cela fait référence au système de droits de décision et de responsabilités pour les processus liés à l'information, mis en œuvre pour soutenir et permettre la stratégie globale d'une organisation. Il s'agit essentiellement d'une approche structurée pour gouverner, gérer et utiliser les données de l'organisation de manière à maintenir la qualité, l'intégrité et la sécurité tout en maximisant la valeur des données dans la prise de décision.

Pourquoi un cadre de gouvernance des données est-il important ?

L'objectif principal d'un cadre de gouvernance des données est de garantir que les données sont gérées comme un actif organisationnel précieux et intégré. Avec le volume et la complexité sans cesse croissants des données dans les environnements commerciaux d'aujourd'hui, le besoin d'un cadre de gouvernance des données robuste est devenu essentiel. Voici pourquoi:

1. **Données fiables et dignes de confiance** : elles garantissent l'intégrité, la qualité et la fiabilité des données dans l'ensemble de l'organisation, en instaurant la confiance dans les données et en favorisant leur utilisation généralisée dans la prise de décision.
2. **Conformité réglementaire** : avec l'évolution des paysages juridiques et commerciaux, les entreprises doivent garantir la conformité réglementaire dans les processus de traitement des données. Une politique de gouvernance solide contribue à adhérer aux lois et réglementations en évolution.
3. **Gestion des risques** : une gouvernance efficace des données aide à identifier et à gérer les risques associés à une mauvaise gestion des données. Il met en place des mesures de sécurité pour protéger les informations sensibles, empêchant ainsi les violations de données.
4. **Meilleure prise de décision** : lorsque les informations sont gérées de manière appropriée, les organisations peuvent exploiter les données pour générer des informations exploitables, favorisant ainsi la prise de décision fondée sur des preuves.

Étapes pour créer un cadre de gouvernance des données

La création d'un cadre de gouvernance des données efficace est un processus continu qui exige la collaboration et l'engagement de tous les niveaux de l'organisation. Vous trouverez ci-dessous les étapes notables pour vous aider à créer un cadre de gouvernance des données fiable :

1. **Définissez les objectifs :** commencez par identifier les problèmes commerciaux spécifiques que vous souhaitez résoudre. Est-ce que cela améliore la qualité des données ? Assurer la conformité réglementaire ? Adaptez votre stratégie de gouvernance des données pour soutenir vos objectifs commerciaux.
2. **Identifiez les parties prenantes et établissez les rôles de gouvernance :** impliquez les parties prenantes de toute l'organisation. Les rôles peuvent inclure des propriétaires de données, des gestionnaires de données, des utilisateurs de données et des dépositaires de données. Chacune de ces personnes joue un rôle crucial dans le maintien de la gouvernance des données.
3. **Définir des politiques et des normes de données :** Concevoir et mettre en œuvre des politiques liées aux données qui couvrent des domaines tels que l'accès aux données, la sécurité, la confidentialité et la qualité. En outre, établissez des normes et des définitions de données cohérentes pour assurer l'uniformité dans l'ensemble de l'organisation.
4. **Incorporez des programmes de formation et de sensibilisation :** même les plans les mieux conçus échouent sans une mise en œuvre appropriée. Organisez régulièrement des programmes de formation et de sensibilisation pour sensibiliser tous les membres de l'organisation à l'importance de la gouvernance des données et à leur rôle dans celle-ci.

5. **Surveiller et évaluer :** Une fois le cadre en place, mettez en place des mesures et des indicateurs de performance clés (KPI) pour évaluer son efficacité. Une évaluation régulière aide à peaufiner les éléments nécessaires et garantit que le programme évolue avec les besoins changeants de l'entreprise.

Tout comme un gouvernement robuste est essentiel pour une communauté prospère, une gouvernance des données efficace garantit qu'une organisation peut tirer le meilleur parti de ses précieux actifs de données. Essentiellement, la gouvernance des données est la pierre angulaire de la démocratisation des données - dans laquelle des données sécurisées de haute qualité sont librement accessibles à ceux qui en ont besoin, quand ils en ont besoin, dans un format qu'ils peuvent utiliser. N'oubliez pas que la gouvernance des données n'est pas seulement une question de règles et de protocoles ; il s'agit plutôt d'un moyen de libérer le véritable potentiel des données pour le bien de l'ensemble de l'organisation.

7.1 L'impératif de mettre en œuvre la gouvernance des données

La gouvernance des données occupe une place centrale dans les efforts de toute organisation pour démocratiser les données. En effet, la fluidité des opérations de démocratisation des données dépend fortement de protocoles de gouvernance des données clairement définis. Ces protocoles prescrivent essentiellement la manière dont les organisations doivent collecter, gérer et stocker les données, en veillant à ce qu'elles soient traitées de manière légale, éthique et efficace.

Avant de se plonger dans les subtilités détaillées des pratiques de gouvernance des données de votre entité, comprendre les principes fondamentaux de la gouvernance des données devient indispensable. La gouvernance des données englobe trois dimensions clés :

1. **Intendance des données :** cette facette implique une surveillance continue et le maintien de données de haute qualité, exemptes de redondances, d'incohérences et d'inexactitudes. Les intendants des données assument souvent ce rôle essentiel et ont la responsabilité de rectifier tout problème lié à la gestion de la qualité des données.
2. **Sécurité et conformité des données :** outre la gestion de la qualité des données, la garantie de la sécurité des données et de la conformité aux exigences réglementaires et aux politiques internes s'aligne sur une gouvernance efficace des données. Ceci est d'une importance primordiale pour protéger les informations sensibles contre les menaces et les risques potentiels, favorisant ainsi la confiance entre les utilisateurs de données dans l'écosystème organisationnel.
3. **Accessibilité et convivialité des données :** bien que la protection des données contre les menaces soit cruciale, garantir leur accessibilité au personnel autorisé devient également vital pour favoriser une culture organisationnelle axée sur les données. La démocratisation des données dépend de l'accessibilité des données utilisables à ceux qui comprennent leur pertinence et peuvent les utiliser pour propulser le progrès de l'entreprise.

Avec un examen plus approfondi, il est évident que la gouvernance des données constitue l'épine dorsale de la mise en œuvre de vos efforts de démocratisation des données. Cependant, la mise en place d'une structure de gouvernance des données efficace nécessite la fusion de divers éléments :

1. **Désigner des entités responsables :** une hiérarchie transparente pour les responsabilités de gouvernance des données facilite l'administration efficace des données. L'attribution de rôles tels que propriétaires de données, gestionnaires de données et utilisateurs de données permet d'affiner le processus de prise de décision concernant les données et d'éviter les ambiguïtés sur les responsabilités.
2. **Élaborez des politiques de protection des données :** rédigez des politiques de protection des données robustes qui s'alignent sur les normes réglementaires telles que le RGPD, le CCPA ou la HIPAA. L'absence de telles politiques pourrait ternir la réputation de votre organisation et entraîner de lourdes sanctions financières en cas de violation de données.
3. **Déployez des outils de gestion des données :** exploitez des plates-formes de gestion de données sophistiquées qui non seulement aident à gérer et à protéger les données, mais contribuent également à améliorer l'accessibilité et la convivialité des données.
4. **Éduquer et former les employés :** organisez des sessions de formation périodiques et des programmes de sensibilisation pour informer les utilisateurs sur la confidentialité, la protection et les pratiques éthiques des données, leur permettant d'être des citoyens responsables des données.
5. **Évaluation et amélioration continues :** une évaluation régulière de votre cadre de gouvernance des données garantit son efficacité et aide à identifier les domaines d'amélioration. Cela ouvre la voie à l'élaboration d'un cadre plus rationalisé et plus efficace propice à la démocratisation des données.

N'oubliez pas que même s'il peut sembler une tâche ardue d'établir une structure de gouvernance des données efficace, les avantages récoltés l'emportent largement sur les efforts initiaux. En tant que catalyseur de vos ambitions de démocratisation des données, une solide gouvernance des données ouvre la voie à une prise de décision factuelle, à une meilleure analyse des données, à une meilleure satisfaction client et, en fin de compte, à une croissance commerciale durable. Adoptez la gouvernance des données - votre clé pour renforcer votre organisation grâce à la démocratisation des données !

7.1 Comprendre le rôle de la gouvernance des données

Dans la quête de démocratisation des données, le rôle de la gouvernance des données est crucial. La gouvernance des données fait référence à la gestion globale de la disponibilité, de la convivialité, de l'intégrité et de la sécurité des données au sein d'une organisation. Il comprend un ensemble de processus menés et approuvés par un conseil ou un organe directeur distinct placé à la tête de l'organisation. Les données gouvernées constituent l'épine dorsale des activités liées aux données dans l'ensemble de l'organisation, notamment la veille économique, l'analyse des données et d'autres opérations commerciales liées aux données. Ainsi, comprendre la gouvernance des données est essentiel pour autonomiser votre organisation grâce à la démocratisation des données.

Gouvernance des données et démocratisation des données

La démocratisation des données signifie fournir aux individus un accès aux données d'une manière qu'ils peuvent comprendre. Il permet aux utilisateurs finaux de prendre des décisions basées sur des données, plutôt que sur des intuitions ou des suppositions. Cependant, cet accès et cette compréhension ne peuvent être accomplis que lorsque les données sont correctement gouvernées.

Ce n'est que grâce à une gouvernance efficace des données que des aspects importants tels que l'accès aux données, la qualité des données, la confidentialité des données et la sécurité sont assurés. Avec un cadre de gouvernance des données solide en place, les organisations peuvent décider qui a l'autorisation d'accéder à certains ensembles de données, garantir l'exactitude et la cohérence des données, se conformer aux réglementations pertinentes en matière de protection des données et prendre les mesures appropriées pour prévenir les violations de données. Ainsi, la gouvernance des données jette les bases d'une démocratisation sûre et efficace des données.

Composants clés de la gouvernance des données

La gouvernance des données englobe plusieurs composantes, notamment :

- **Intendance des données :** les intendants des données jouent un rôle crucial dans un programme de gouvernance des données. Ils sont chargés de définir les éléments de données et de mettre en œuvre des politiques et des procédures pour gérer et utiliser les données de manière responsable, et ils travaillent pour assurer l'intégrité et la confidentialité des données dans toute l'organisation.

- **Qualité des données** : les données doivent être exactes, cohérentes et fiables ; les irrégularités et les incohérences doivent être supprimées. Une bonne qualité des données est essentielle à une prise de décision éclairée et évite le risque d'erreurs et de mauvaises interprétations.
- **Confidentialité des données** : la gouvernance des données permet de conserver et de protéger les données sensibles et de se conformer aux réglementations pertinentes en matière de confidentialité des données, telles que le RGPD. Cela implique la mise en place de contrôles réfléchis et la garantie que seuls les utilisateurs autorisés peuvent accéder à certains types de données.
- **Sécurité des données** : les violations de données devenant de plus en plus fréquentes, des mesures de sécurité des données robustes doivent être mises en place pour protéger les données de l'organisation. La gouvernance des données comprend l'adoption de mesures telles que le chiffrement, la gestion des identités et des accès et des audits réguliers des données.
- **Gestion des données de référence** : cela implique la gestion des données de base de l'organisation, appelées données de référence, pour garantir leur cohérence et leur précision dans les différents systèmes et départements. La gestion des données de référence peut aider à créer une source unique de vérité, ce qui est essentiel pour la démocratisation des données.

Mettre en œuvre la gouvernance des données dans votre organisation

Pour mettre en œuvre la gouvernance des données, les organisations doivent développer une stratégie claire qui définit leurs objectifs, identifie les principales parties prenantes et décrit les processus et les normes à mettre en œuvre. Cela implique d'établir un cadre de gouvernance des données et souvent un conseil ou un comité pour superviser sa mise en œuvre.

L'un des aspects essentiels de la mise en œuvre de la gouvernance des données consiste à garantir une large prise de conscience et une compréhension de son importance au sein de l'organisation. Cela pourrait impliquer des sessions de formation, des ateliers ou d'autres mesures éducatives.

En conclusion, la gouvernance des données joue un rôle essentiel dans la démocratisation sûre et efficace des données. En mettant en œuvre une stratégie de gouvernance des données robuste, les organisations peuvent s'assurer que les données sont exactes, sécurisées et disponibles pour ceux qui en ont besoin, quand ils en ont besoin, améliorant ainsi la capacité de leur personnel à prendre des décisions basées sur les données et optimisant les performances de l'organisation.

8. Infrastructure technologique derrière la démocratisation des données

8.1 Comprendre le rôle de l'infrastructure technologique dans la démocratisation des données

Afin de bien comprendre le processus de démocratisation des données, il est essentiel de comprendre l'infrastructure technologique nécessaire pour y parvenir. Cette infrastructure facilite non seulement l'accès et le partage des données à tous les niveaux d'une organisation, mais garantit également leur utilisation sécurisée et contrôlée.

8.1.1 Systèmes de gestion des données

Les systèmes de gestion de données constituent l'épine dorsale de la démocratisation des données en permettant aux organisations de collecter, stocker, traiter et distribuer de grandes quantités de données. Évolutifs et efficaces, ces systèmes doivent être conçus pour gérer le Big Data et fournir des informations précises, opportunes et exploitables aux utilisateurs de différents départements. Des secteurs tels que la santé, l'éducation, la finance, la technologie et bien d'autres exploitent déjà des systèmes de gestion de données tels que les bases de données relationnelles (SGBDR), les bases de données orientées documents, les bases de données graphiques et Hadoop, entre autres, pour démocratiser les données.

8.1.2 Outils d'intégration de données

Les outils d'intégration de données jouent un rôle central dans le processus de démocratisation des données en connectant diverses sources de données, en les convertissant en une vue unifiée et en permettant aux utilisateurs de récupérer et de manipuler ces données de manière simple et similaire. Des exemples de tels outils incluent des outils d'extraction, de transformation, de chargement (ETL), des outils de préparation de données et des solutions de catalogage de données.

8.1.3 Outils de veille économique et d'analyse

Ces outils permettent aux organisations d'analyser les données et d'obtenir des informations qui éclairent les décisions commerciales. Ils sont souvent conçus avec des interfaces conviviales qui rendent les données accessibles même aux utilisateurs non techniques. Des outils tels que Tableau, Looker, Domo ou Power BI offrent des moyens de visualiser et d'interagir avec les données, permettant aux utilisateurs de créer des tableaux de bord et des rapports, d'exécuter des requêtes ou d'effectuer des analyses prédictives.

8.1.4 Outils de gouvernance des données

Alors que nous démocratisons les données, nous devons également tenir compte des facteurs de confidentialité, de sécurité, de qualité et de conformité. C'est là que les outils de gouvernance des données entrent en jeu. Ils aident à mettre en œuvre les politiques, les procédures, les responsabilités et les processus nécessaires pour gérer et garantir l'intégrité des données d'une organisation. Ils peuvent fournir des fonctionnalités telles que la confidentialité et la protection des données, la gestion de la qualité des données, la gestion des métadonnées et la gestion des données de référence, qui sont essentielles à une démocratisation réussie des données.

8.1.5 Cloud computing et stockage

Les technologies cloud ont joué un rôle déterminant dans la montée en puissance de la démocratisation des données. L'informatique en nuage permet l'abordabilité, l'évolutivité et la facilité d'accès aux données. De grands volumes de données peuvent être stockés et traités sur des plates-formes basées sur le cloud, rendant les contraintes géographiques non pertinentes. Des solutions telles qu'Amazon Web Services (AWS), Google Cloud Platform (GCP) et Microsoft Azure sont fréquemment utilisées pour leurs capacités de gestion de données robustes et rentables.

En conclusion, l'infrastructure technologique qui sous-tend la démocratisation des données constitue le cadre crucial qui permet d'accéder, d'interpréter et d'utiliser efficacement les données dans toute une organisation. Les entreprises doivent veiller à investir dans les technologies et les outils appropriés, à corréler leur stratégie de données avec les objectifs de l'organisation et à promouvoir une culture de maîtrise des données à tous les niveaux de l'organisation afin de véritablement démocratiser les données.

8.1 Comprendre l'épine dorsale technologique de la démocratisation des données

Le fondement d'une démocratisation réussie des données réside dans la conception et le déploiement d'une infrastructure technologique adéquate, stratégiquement superposée pour faciliter un accès transparent aux données sans sacrifier la sécurité. La dépendance d'une organisation à l'égard des données ne peut être sous-estimée; en tant que telle, l'infrastructure technologique déployée doit prendre en charge de manière globale les différentes étapes du traitement et de la démocratisation des données - de la collecte, du traitement et du stockage à l'analyse et à la visualisation. Voici les principaux piliers impliqués ;

8.1.1 Infrastructure de collecte de données

Les données sont le fondement de la démocratisation des données ; par conséquent, des systèmes robustes doivent être en place pour les collecter à partir d'une panoplie de sources. Les organisations peuvent s'appuyer sur différents outils et plates-formes - interactions API, appareils IoT, outils de grattage Web, intégrations tierces, formulaires et plates-formes comme Google Analytics - pour la collecte de données.

8.1.2 Entreposage de données et lacs de données

Les entrepôts de données ou lacs de données sont essentiels pour le stockage et l'organisation centralisés des données collectées. Ces systèmes stockent les données dans un format structuré et offrent la capacité de stocker des volumes massifs de données générés quotidiennement. Le choix entre les entrepôts de données et les lacs de données dépend de l'utilisation et de l'interaction de l'organisation avec les données.

8.1.3 Outils de traitement et de préparation des données

Avant qu'une analyse de données puisse être effectuée, celle-ci doit être nettoyée et préparée. Les données doivent être transformées dans un format approprié pour l'analyse, en supprimant les doublons, les erreurs et les incohérences. L'organisation et la conservation des données requises par les utilisateurs finaux peuvent être effectuées à l'aide des technologies ELT (Extract-Load-Transform) ou ETL (Extract-Transform-Load), ce qui les rend facilement disponibles et utilisables.

8.1.4 Systèmes de gestion de base de données

Les systèmes de gestion de base de données (SGBD) offrent un moyen systématique de créer, récupérer, mettre à jour et gérer les données stockées dans les entrepôts de données et les lacs de données. Les SGBD peuvent être relationnels (basés sur SQL), non relationnels (basés sur NoSQL) ou une combinaison des deux (NewSQL).

8.1.5 Outils d'analyse et de visualisation des données

Une fois les données nettoyées et préparées, elles sont alors prêtes pour l'analyse et l'interprétation. Grâce à divers logiciels et outils analytiques basés sur des algorithmes d'apprentissage automatique et d'intelligence artificielle, les entreprises peuvent découvrir des modèles, des corrélations et des tendances. Les outils de visualisation convertissent ces informations de données complexes en représentations graphiques plus intuitives, permettant aux non-professionnels des données de comprendre et de prendre facilement des décisions.

8.1.6 Outils de sécurité et de contrôle d'accès

Dans le cadre de la démocratisation des données, la sécurité des données est primordiale. Avec de nombreuses violations de données signalées chaque année, les organisations doivent prioriser les mesures de sécurité des données tout en démocratisant les données. Cela inclut le déploiement de logiciels de sécurité, le cryptage des données sensibles, la mise en œuvre d'un contrôle d'accès avec autorisations et authentifications, ainsi que des audits de sécurité réguliers.

8.1.7 Cadres de gouvernance des données

La gouvernance des données est un ensemble de processus et de directives qui garantissent la qualité des données tout au long du cycle de vie des données et aident les entreprises à gérer leurs actifs de données. Il joue un rôle crucial dans une stratégie de démocratisation des données en garantissant que les données restent cohérentes, comprises et dignes de confiance.

Alors que la technologie joue un rôle central dans la démocratisation des données, les organisations doivent rester concentrées sur les utilisateurs finaux. Proposer suffisamment de programmes de formation et de maîtrise des données peut combler le fossé entre la disponibilité des données et leur utilisation efficace. En combinant une infrastructure technologique de pointe avec une culture de la littératie des données, les organisations peuvent renforcer les processus de prise de décision basés sur les données à tous les niveaux de l'organisation.

8.1 Comprendre le rôle du cloud computing dans la démocratisation des données

À l'ère de la démocratisation des données, le cloud computing est devenu l'une des technologies essentielles qui sous-tendent le concept. La technologie de cloud computing permet un accès en déplacement à des pools partagés de ressources système configurables et à des services de niveau supérieur, offrant ainsi la possibilité d'ajuster et de mettre en œuvre rapidement des solutions avec un effort de gestion limité.

L'un des avantages fondamentaux du cloud computing pour la démocratisation des données est sa capacité à offrir un accès universel aux données. En supprimant les contraintes traditionnelles de présence physique et les régimes informatiques stricts, les entreprises peuvent partager, utiliser et analyser des données depuis pratiquement n'importe quel endroit et n'importe quel appareil, moyennant des autorisations d'accès. De plus, le cloud computing favorise un environnement plus collaboratif dans lequel les ressources peuvent être utilisées et exploitées entre différents départements et équipes.

Les plates-formes cloud, qu'elles soient publiques, privées ou hybrides, ont changé la donne dans la façon dont les organisations abordent la gestion et l'analyse des données. Ils offrent des capacités de stockage de données à grande échelle, réduisant le besoin d'infrastructures de stockage sur site étendues et souvent coûteuses. Le cloud simplifie également l'intégration des données, car il élimine les défis traditionnels associés à la fusion de données provenant de plates-formes et de systèmes disparates.

En outre, la technologie cloud prend en charge des capacités analytiques avancées, telles que l'intelligence artificielle (IA) et l'apprentissage automatique (ML), qui peuvent être appliquées à d'énormes volumes de données pour en tirer des informations exploitables. Cela démocratise non seulement les données, mais également les capacités analytiques de haut niveau qui n'étaient autrefois accessibles qu'aux experts en données ou aux grandes entreprises disposant de budgets importants.

En effet, les modèles Data-as-a-Service (DaaS) sont de plus en plus courants dans les systèmes basés sur le cloud. Ils permettent aux entreprises de consommer des données selon leurs besoins plutôt que de gérer leurs propres entrepôts de données. En conséquence, les organisations peuvent réduire les coûts opérationnels associés, améliorer l'accès aux données et conserver la flexibilité nécessaire pour choisir le type de données dont elles ont besoin pour des processus ou des projets spécifiques.

Cependant, il est important de garder à l'esprit que même si le cloud computing peut faciliter la démocratisation des données, il n'est pas automatiquement synonyme de démocratie. Les entreprises doivent s'assurer qu'elles disposent de protocoles de gouvernance et de sécurité des données robustes. Le respect des lois sur la confidentialité des données, l'authentification des utilisateurs et les méthodes de chiffrement innovantes sont des éléments cruciaux d'une démocratisation réussie des données basées sur le cloud.

L'avenir du cloud computing dans le domaine de la démocratisation des données semble prometteur à mesure que de plus en plus d'organisations l'adoptent. Dans ce contexte, il devient essentiel de mieux comprendre son impact sur la capacité d'une organisation à atteindre ses objectifs stratégiques, à accélérer la transformation numérique et à capitaliser sur les avantages concurrentiels qu'elle apporte dans l'économie numérique moderne.

Cependant, le voyage vers la démocratisation des données n'est pas une tâche simple ; cela nécessite une stratégie bien conçue, un alignement avec des processus métier spécifiques et une compréhension globale des défis liés aux données. L'intégration de technologies de pointe comme le cloud computing jouera sans aucun doute un rôle majeur, ce qui rendra crucial pour les décideurs d'en saisir le potentiel et les implications. En construisant une infrastructure technologique solide, performante et sécurisée, nous pouvons exploiter tout le potentiel de la démocratisation des données.

Dans les sections suivantes, nous approfondirons d'autres technologies qui ouvrent également la voie à une démocratisation réussie des données, telles que les outils d'analyse de données, les logiciels de Business Intelligence (BI) et les applications de visualisation de données. L'objectif est de vous fournir un aperçu complet du paysage technologique en matière de démocratisation des données, facilitant ainsi des décisions éclairées concernant l'architecture, les outils et les principes de conception.

8.1 Comprendre l'importance d'une infrastructure technologique robuste et évolutive

L'un des catalyseurs fondamentaux du succès des initiatives de démocratisation des données est la présence d'une infrastructure technologique complète, adaptable et évolutive. La capacité d'une organisation à donner à ses membres les moyens d'accéder aux ressources de données et de les utiliser dépend fortement du cadre technologique dans lequel les données sont stockées, analysées et diffusées.

8.1.1 Entreposage des données et gestion de la base de données

La pile technologique pour la démocratisation des données commence par des systèmes efficaces d'entreposage de données et de gestion de bases de données (SGBD). Ces systèmes jouent un rôle déterminant dans la collecte de données structurées et non structurées provenant de diverses sources et dans leur formatage sous une forme utilisable et standardisée. Un SGBD puissant doit prendre en charge le traitement parallèle, des fonctionnalités de sécurité avancées et des mises à jour en temps réel pour répondre aux exigences en constante évolution d'une organisation.

8.1.2 Outils de gouvernance des données et mesures de sécurité

Les données, en particulier les données commerciales sensibles, doivent être régies par des contrôles de sécurité solides pour empêcher tout accès involontaire ou toute violation potentielle. Les outils de gouvernance des données comprennent des logiciels de gestion des politiques, des outils de contrôle d'accès et des catalogues de données. Ils garantissent que les données sont traitées conformément aux normes, à la politique et aux exigences de conformité de l'organisation tout en maximisant leur convivialité.

8.1.3 Processus ETL (extraction, transformation, chargement)

Les processus ETL permettent aux organisations d'intégrer des données provenant de diverses sources, puis de les transférer vers un entrepôt de données où elles peuvent être consultées par les parties prenantes. Les outils ETL facilitent l'extraction de données de plusieurs systèmes sources, leur nettoyage, leur mappage et leur transformation en une structure unifiée, puis leur chargement dans la base de données cible finale ou l'entrepôt de données.

8.1.4 Outils d'analyse de données et de business intelligence

Les outils d'analyse et de business intelligence sont l'épine dorsale de la démocratisation des données. Ils permettent aux employés d'obtenir des informations et d'interpréter des données sans avoir besoin de compétences techniques ou statistiques intensives. Ces outils vont de ceux fournissant de simples visualisations de données à des logiciels plus sophistiqués offrant une modélisation prédictive, des capacités d'apprentissage automatique et des analyses en temps réel.

8.1.5 Logiciel de visualisation de données

La démocratisation des données encourage la prise de décision basée sur les données au-delà des équipes techniques ou de données. Ici, un logiciel de visualisation de données intervient, convertissant des ensembles de données complexes en représentations graphiques telles que des diagrammes, des graphiques et des tableaux de bord plus faciles à comprendre, permettant ainsi aux informations d'être plus facilement apparentes et exploitables.

8.1.6 API et services pour l'accessibilité des données

Pour permettre un accès interfonctionnel aux données, il doit y avoir des API et des services bien documentés dans l'infrastructure technologique. Cela peut permettre un échange de données plus transparent entre différents systèmes et applications.

8.1.7 Configurations basées sur le cloud pour l'évolutivité et l'accessibilité

L'infrastructure technologique basée sur le cloud joue un rôle essentiel dans les efforts de démocratisation des données. Il permet non seulement une évolutivité améliorée et des mises à niveau faciles, mais permet également un accès distant et distribué aux données, permettant aux membres de l'équipe de bénéficier des avantages des informations sur les données, quel que soit leur emplacement.

En conclusion, une démocratisation efficace des données ne consiste pas simplement à ouvrir à tous les portes d'accès à toutes les données ; il s'agit de mettre en place une infrastructure technologique intégrative et robuste qui cultive un environnement propice à l'accès, à la compréhension et à l'utilisation des données. Cela inclut une attention particulière à l'entreposage de données, à la gestion de bases de données, à la gouvernance des données, aux processus ETL, à l'analyse des données, aux outils de business intelligence et de visualisation, aux services API et aux configurations basées sur le cloud pour créer une culture de données durable et démocratisée.

8.1 Construire une infrastructure de données robuste

Un élément clé de la démocratisation des données au sein d'une organisation consiste à établir une infrastructure technologique solide qui prend en charge un accès facile, sécurisé et transparent aux données. Réaliser la démocratisation des données nécessite plus que simplement fournir des outils et des applications aux employés : cela a souligné la nécessité d'une infrastructure de données très efficace.

8.1.1 Renforcer la gestion des données

La démocratisation des données repose essentiellement sur la collecte, le stockage et l'analyse des données. Ces éléments permettent un flux fluide de données et constituent la pierre angulaire de la gestion des données. Par conséquent, le renforcement des systèmes de gestion des données devrait être la première étape vers la démocratisation des données.

Collecte de données : cela implique la conception de mécanismes qui captureront des données pertinentes provenant de diverses sources, notamment des empreintes numériques, des données transactionnelles, des données interactionnelles, entre autres.

Stockage des données : une fois collectées, les données doivent être stockées efficacement pour garantir que les informations restent intactes et ne sont soumises à aucune perte ou corruption potentielle.

Analyse des données : Enfin, l'analyse des données stockées permet d'extraire des informations pouvant être utilisées pour élaborer des stratégies exploitables. La mise en œuvre d'outils d'analyse de données robustes pour interpréter efficacement les données brutes est cruciale.

8.1.2 Tirer parti de l'informatique en nuage

Le cloud computing fait partie intégrante de la démocratisation des données car il aide à surmonter les limites des systèmes de stockage physique tels que les serveurs, qui posent souvent des défis en matière de disponibilité et d'accessibilité des données. Le cloud computing offre des solutions de stockage hautement évolutives et garantit la disponibilité des données 24 heures sur 24, indépendamment des emplacements géographiques.

8.1.3 Mise en œuvre des mesures de gouvernance des données

Il est important de garder à l'esprit qu'un accès facile aux données ne signifie pas un scénario de chacun pour soi. En fait, l'une des plus grandes menaces à la démocratisation des données est la sécurité compromise des données. Par conséquent, l'installation de mesures de gouvernance des données, définissant qui peut accéder à quelles données et dans quelle mesure, apparaît comme des tâches critiques dans le schéma de démocratisation des données.

8.1.4 Sélection et déploiement des outils

Le déploiement efficace des bons outils contribue à démocratiser les données. Cependant, il est crucial de sélectionner judicieusement ces outils en gardant à l'esprit la compatibilité avec les systèmes existants, la convivialité, les fonctionnalités de sécurité et l'évolutivité.

8.1.5 Établir la littératie des données

La mise en place d'un solide programme de maîtrise des données est essentielle pour permettre au personnel d'utiliser efficacement les données et de prendre des décisions fondées sur les données. Cela comprend des programmes de formation spécifiquement destinés à améliorer la maîtrise des données et à créer une culture interne qui valorise les informations basées sur les données.

8.1.6 Faciliter la sécurité des données

La sécurité des données est une préoccupation majeure dans la démocratisation des données et, en tant que telle, une infrastructure robuste implique également des systèmes de sécurité solides pour prévenir les violations de données et maintenir l'intégrité des données.

En conclusion, la construction d'une infrastructure de données robuste implique une approche globale. Il s'agit de créer un environnement dans lequel les données sont accessibles, gérables et interprétables par toutes les sections de l'organisation. La conception de cette infrastructure nécessite une compréhension approfondie des besoins de l'organisation ainsi qu'une planification et une exécution méticuleuses. La construction d'une telle infrastructure comporte son lot de défis, mais les avantages qu'elle apporte en termes de prise de décision, d'innovation et de satisfaction des clients en valent la peine.

9. Études de cas : exemples de réussite de la démocratisation des données

Cas 9 : Tirer parti de la démocratisation des données dans Verizon Communication Inc.

Verizon Communications Inc., l'une des plus grandes entreprises de télécommunications au monde, a compris l'immense potentiel qui existait dans ses données de consommation et a reconnu le défi de capitaliser sur cette ressource en raison de sources de données cloisonnées, dispersées et disparates. L'organisation a reconnu que les informations étaient non seulement difficiles d'accès, mais également sous-utilisées. Leur solution consistait donc à mettre en œuvre une stratégie de démocratisation des données.

L'approche de Verizon en matière de démocratisation des données s'est déroulée en deux étapes spécifiques :

1. **Consolidation de données disparates** : La première phase consistait à rassembler toutes les sources de données disparates sous un même toit. Verizon a regroupé des milliards de lignes de données provenant de différentes sources au sein de l'entreprise dans un « lac de données » unique à l'échelle de l'entreprise. Cette étape nécessitait des investissements technologiques importants, mais c'était un aspect critique de leur stratégie. Avec les données pertinentes accessibles en un seul endroit, l'organisation était mieux placée pour obtenir des informations significatives et ouvrir la voie à la démocratisation.

2. **Mise en œuvre de l'analyse en libre-service** : dans la deuxième phase, Verizon a introduit l'analyse en libre-service à tous ses employés, et pas seulement aux data scientists ou aux professionnels de l'informatique. L'objectif de cette étape était de permettre à chaque personne de l'organisation d'utiliser les données pour répondre à ses requêtes, augmenter la productivité et prendre des décisions plus éclairées. Les employés ont également reçu une

formation et des outils adéquats pour les aider à comprendre et à interpréter les données.

La mise en œuvre d'une stratégie de données démocratisée a donné des résultats remarquables pour Verizon. Voici quelques faits saillants :

- **Prise de décision améliorée basée sur les données** : avec tous les employés ayant accès aux données, de plus en plus de décisions au sein de l'entreprise ont commencé à être prises sur la base de données réelles plutôt que sur l'instinct ou les préjugés. Le personnel a pu analyser les modèles de comportement des consommateurs, l'utilisation du réseau, etc., ce qui a permis d'améliorer la prise de décision à tous les niveaux de l'organisation.
- **Efficacité et productivité accrues** : dotés d'outils d'analyse en libre-service, les employés ont pu répondre à leurs requêtes liées aux données sans attendre les équipes informatiques ou de données, ce qui a permis de gagner du temps et d'augmenter la productivité.
- **Solutions et stratégies innovantes** : Avec un accès démocratisé aux données, différentes équipes ont pu développer des solutions innovantes pour répondre aux problématiques clients et concevoir de nouvelles stratégies commerciales. L'équipe marketing, par exemple, a pu créer des campagnes plus ciblées et plus efficaces en comprenant les préférences et les comportements des clients.
- **Transformation culturelle** : l'impact le plus notable de la stratégie de démocratisation des données de Verizon a peut-être été le changement de culture de l'entreprise. L'organisation a développé une culture axée sur les données, dans laquelle les données sont devenues un élément essentiel des conversations quotidiennes et des processus décisionnels.

L'un des principaux enseignements de l'histoire réussie de Verizon en matière de démocratisation des données est que le parcours se déroule en plusieurs phases et implique la participation active de tous les employés. Ils ont prouvé que lorsque vous démocratisez les données, vous éliminez les silos, favorisez la transparence, favorisez l'innovation et donnez à chaque individu de votre organisation les moyens de stimuler la croissance et le succès.

Étude de cas 1 : Procter & Gamble (P&G)

Procter & Gamble est un excellent exemple de ce que la démocratisation des données peut accomplir. Cette entreprise multinationale a révolutionné ses opérations commerciales en démocratisant les données et en accordant à ses employés, quel que soit leur rôle, l'accès à des informations basées sur les données.

P&G a utilisé la démocratisation des données pour accroître l'efficacité des processus et améliorer les collaborations entre les départements. Pour commencer, ils ont tiré parti d'outils de visualisation de données très performants comme Tableau, permettant aux employés non techniques d'analyser visuellement les informations et de prendre des décisions basées sur les données.

En promouvant une culture collaborative des données, P&G a donné à ses équipes les moyens de découvrir des informations critiques, d'accroître l'efficacité et de rationaliser les gains d'efficacité. La démocratisation des données a entraîné une augmentation des revenus de l'entreprise, car le personnel a identifié efficacement les opportunités de réduction des coûts et de croissance des bénéfices.

La démocratisation en action : l'initiative Business Sphere

L'une des principales initiatives par lesquelles P&G a démocratisé ses données a été la stratégie Business Sphere.

Avant la mise en œuvre de cette stratégie, les données étaient cloisonnées dans différents départements, ce qui rendait difficile leur partage ou leur analyse interfonctionnelle. P&G a relevé ces défis en créant un espace collaboratif physique et numérique appelé Business Sphere. Cette salle de visualisation a permis aux équipes d'examiner les tendances commerciales, les menaces et les opportunités en temps réel.

L'initiative Business Sphere comprenait deux composantes : les Cockpits de décision et la Business Sphere.

- **Cockpits de décision** : il s'agissait de tableaux de bord conviviaux qui offraient aux employés un accès en temps réel aux données critiques. En tant qu'applications Web sécurisées, elles permettent aux employés de filtrer, trier et analyser les données selon leurs besoins.
- **Business Sphere** : il s'agissait d'une salle de réunion physique dotée de deux écrans multi-touch de 30 pieds affichant des données en temps réel pour des informations analytiques générales. Les membres de l'équipe pourraient interagir avec les données, développant des compréhensions communes et des solutions collaboratives.

En les déployant, P&G a essentiellement comblé le fossé entre les data scientists et les professionnels. L'initiative a encouragé les employés à réfléchir de manière critique, à remettre en question avec complaisance et à favoriser une culture de transparence et d'innovation.

Résultat

Suite à la mise en œuvre d'initiatives de démocratisation des données, P&G a signalé une prise de décision plus efficace, des économies de coûts et une augmentation des revenus. L'entreprise a pu identifier 200 millions de dollars d'opportunités manquées dans ses processus de fabrication, améliorer ses stratégies marketing et concevoir des produits centrés sur le client.

Malgré l'investissement initial élevé, la stratégie de démocratisation des données de P&G s'est finalement avérée être un investissement judicieux. Cela témoigne de la manière dont la démocratisation des données peut améliorer les performances commerciales d'une entreprise en promouvant une culture des données inclusive qui exploite l'intelligence collective pour la prise de décision stratégique.

Conclusion

L'histoire à succès de P&G incarne le pouvoir de démocratiser les données dans une organisation. En démantelant les goulots d'étranglement hiérarchiques et en garantissant l'accessibilité, la fiabilité et la sécurité de leurs données, P&G a ouvert la voie à d'autres entreprises pour qu'elles emboîtent le pas dans leur parcours de démocratisation des données. Il est clair que la démocratisation des données n'est pas seulement un mot à la mode mais un outil stratégique capable de générer des résultats commerciaux extraordinaires.

Étude de cas 1 : Airbnb – Exploiter la démocratisation des données pour la prise de décision stratégique

Airbnb, le mastodonte mondial du partage d'hébergement, est un excellent exemple qui démontre la mise en œuvre réussie de la démocratisation des données au sein d'une organisation. Avec une grande équipe dispersée dans le monde prenant des décisions stratégiques quotidiennement, Airbnb avait besoin d'un pourquoi pour s'assurer que les bonnes données sont accessibles au bon moment pour les bonnes personnes.

Reconnaissant l'importance de la prise de décision basée sur les données, Airbnb a introduit un outil appelé "Airbnb Data University". L'initiative visait à transformer leur main-d'œuvre en «scientifiques citoyens des données», quels que soient leurs rôles, leurs capacités techniques ou leurs antécédents. L'objectif était simple : fournir à tous les membres de l'entreprise les compétences nécessaires pour prendre des décisions fondées sur des données.

Airbnb Data University est un programme complet qui comprend une série de modules de formation et de cours, allant de l'éducation de base aux données à des sujets avancés en science des données. L'un des aspects les plus intrigants de leur stratégie de démocratisation est le fait que les cours sont animés par des professionnels de la science des données d'Airbnb. Cette approche de mentorat permet aux collaborateurs d'apprendre directement de ceux qui connaissent le mieux les données de l'entreprise.

Le résultat? Aujourd'hui, plus de 500 employés au sein de l'organisation (pas seulement ceux occupant des postes techniques ou centrés sur les données) maîtrisent mieux les données et utilisent fréquemment les outils de données et les tableaux de bord d'Airbnb pour prendre des décisions éclairées. La compréhension partagée des données désormais réparties dans toute l'organisation a accru l'efficacité, amélioré la prise de décision stratégique et conduit à une meilleure connaissance des clients.

Étude de cas 2 : Spotify – Démocratiser les données pour améliorer l'expérience utilisateur

Spotify, la plateforme de streaming musical de premier plan, s'est tournée vers la démocratisation des données pour personnaliser et améliorer l'expérience utilisateur. Malgré son énorme clientèle, la vision de Spotify de fournir une plate-forme unique et personnalisée à chacun de ses utilisateurs est rendue possible grâce à une utilisation efficace des données.

Alors que plusieurs équipes accèdent à un énorme volume de données, Spotify s'est éloigné d'un modèle d'entrepôt de données traditionnel et a développé une approche personnalisée dans laquelle les données sont centralisées mais accessibles à chaque équipe. C'est ce qu'on appelle l'approche « Data Lake ». Les employés peuvent explorer, expérimenter et tirer des enseignements des pools de données pour leurs besoins spécifiques.

Cette culture de démocratisation des données a joué un rôle central dans la conception de fonctionnalités uniques, notamment « Discover Weekly » et « Year in Music ». Ces fonctionnalités utilisent les données utilisateur pour organiser une liste de chansons personnalisée en fonction des choix musicaux passés, des comportements d'écoute et des préférences des utilisateurs.

En démocratisant l'accès aux données dans toute l'organisation, Spotify est en mesure de rester agile, d'expérimenter de nouvelles idées et d'améliorer continuellement son expérience utilisateur. Ces changements ont, à leur tour, accru l'engagement et la satisfaction des utilisateurs.

Étude de cas 3 : Zillow - Démocratiser les données pour la transparence et la confiance

Zillow, l'un des principaux marchés de l'immobilier et de la location, a exploité la puissance de la démocratisation des données pour révolutionner le secteur de l'immobilier. Ils ont apporté de la transparence dans l'industrie en mettant à la disposition du public des données précieuses qui n'étaient auparavant accessibles qu'aux agents immobiliers et aux courtiers.

L'utilisation des données chez Zillow est large, mais comprend les valeurs des maisons, les baisses de prix, les saisies et les informations sur les écoles et les quartiers. Avec des données aussi riches et complètes rendues accessibles, Zillow a redonné le pouvoir aux acheteurs et aux vendeurs en leur permettant de prendre des décisions éclairées basées sur des faits et des chiffres.

Par conséquent, Zillow a vu sa base d'utilisateurs se développer considérablement au fil des ans. Cette transparence a non seulement renforcé la confiance, mais également considérablement accru l'efficacité commerciale, car les clients sont mieux informés et préparés lors de leurs interactions avec les agents et les courtiers.

Chacune de ces réussites fournit un exemple clair et significatif de la démocratisation des données en action. En supprimant les obstacles à l'accessibilité des données et en dotant tous les membres de l'équipe de compétences en matière de données, ces organisations ont réalisé les immenses avantages d'une culture axée sur les données.

Étude de cas 1 : Netflix - Démocratisation des données dans l'industrie du divertissement

Netflix est un cas exemplaire de la manière dont une organisation peut utiliser la démocratisation des données pour révolutionner un secteur. Les sociétés de divertissement traditionnelles prennent souvent des décisions basées sur l'intuition de quelques individus sélectionnés qui ont une perception des intérêts du public. Netflix, en revanche, a effectivement démocratisé les données pour prendre des décisions éclairées qui répondent aux préférences de son vaste public.

Briser les silos de données

Chez Netflix, les données sont intégrées à partir de diverses sources, notamment les habitudes de visionnage des clients, les avis des utilisateurs, les réseaux sociaux et les ensembles de données externes. Ces données sont rendues accessibles à différentes équipes plutôt que d'être compartimentées en silos. En éliminant les silos de données, Netflix promeut une culture dans laquelle chaque décideur a un accès direct aux données de l'entreprise, garantissant ainsi que chaque décision est basée sur des informations dérivées de données complètes.

Prise de décision basée sur les données

Grâce à des informations uniques sur les habitudes de visionnage et les préférences de chacun de ses millions d'utilisateurs, Netflix utilise l'analyse du Big Data pour identifier des modèles et analyser les tendances. Le résultat est une personnalisation sans précédent qui va au-delà de simples recommandations. Netflix a commandé du contenu original basé sur une analyse d'audience aussi détaillée, avec des résultats extrêmement positifs - pensez à la popularité d'émissions comme "House of Cards" et "Stranger Things", qui ont toutes deux été commandées à la suite de décisions fondées sur des données.

Autonomiser les employés

Netflix permet à ses employés d'utiliser les données pour le processus décisionnel. Chaque membre de l'équipe est formé pour travailler avec les données et interpréter les résultats. Une telle autonomisation favorise une culture axée sur les données et encourage les idées innovantes à faire surface à tous les niveaux de leur organisation.

Mettre en œuvre une gouvernance efficace des données

Tout en démocratisant l'accès aux données, Netflix met également en œuvre de solides pratiques de gouvernance des données. Il maintient un référentiel complet de métadonnées qui aide les employés à comprendre et à analyser les données. De plus, des mesures de sécurité sont mises en place pour gérer les accès, garantir une utilisation autorisée et respecter la vie privée des utilisateurs.

Le résultat

L'adoption par Netflix de la démocratisation des données a abouti à un succès phénoménal. Leurs recommandations personnalisées maintiennent l'engagement des utilisateurs et leur contenu original basé sur les données trouve un écho auprès du public du monde entier. Aujourd'hui, Netflix est un leader du secteur dans le paysage concurrentiel des services de streaming numérique.

Le cas de Netflix offre des leçons inestimables à toute organisation cherchant à démocratiser les données. Il montre l'importance d'intégrer des données provenant de diverses sources, de promouvoir une culture axée sur les données et de mettre en œuvre de solides pratiques de gouvernance des données. Surtout, cela démontre que lorsque les données sont rendues accessibles à tous, elles deviennent un outil puissant d'innovation, de satisfaction client et, à terme, de réussite commerciale.

Reddit : tirer parti de la démocratisation des données pour la croissance

Un excellent exemple de la puissance de la démocratisation des données vient de Reddit – un site d'agrégation d'actualités sociales, de discussion et d'évaluation de contenu Web. Reddit est souvent appelé « la première page d'Internet », et pour cause. Il s'agit d'une plate-forme où des communautés de centaines de milliers, voire de millions, se rassemblent pour discuter, partager et interagir avec toutes sortes de contenus. Avec plus d'un milliard de visites par mois, Reddit génère une quantité astronomique de données qui nécessitent un traitement stratégique.

Afin de maximiser la valeur potentielle de ces données, Reddit a décidé de les démocratiser. L'un des principaux moyens choisis par Reddit pour démocratiser ses données est de les rendre facilement accessibles au public. Reddit y parvient grâce à son API publique ouverte, qui permet aux utilisateurs d'exploiter les données publiques de Reddit pour leurs projets. Une telle ouverture permet des applications créatives, de l'analyse des sentiments sociaux à divers types d'implémentations de curation et de personnalisation de contenu.

D'un point de vue interne, Reddit opère également une culture de démocratisation des données. La plate-forme utilise une gamme d'outils d'analyse de données pour doter les équipes de tous les départements d'un accès instantané aux ensembles de données nécessaires. Cette stratégie a conduit à plusieurs résultats positifs.

Augmentation de la littératie des données

En rendant les données accessibles à toutes les équipes, Reddit a efficacement encouragé ses employés à améliorer leur maîtrise des données. Cela fait partie intégrante d'une stratégie de démocratisation des données, car une équipe qui comprend comment lire, interpréter et travailler avec les données est plus susceptible de prendre des décisions éclairées par les données. Le personnel de Reddit maîtrise désormais parfaitement l'accès et l'utilisation des données, ce qui entraîne une augmentation globale de l'efficience et de l'efficacité.

Collaboration améliorée

La démocratisation des données chez Reddit a également conduit à une collaboration renforcée au sein de la plateforme. Les équipes ont facilement accès aux informations issues de l'analyse des données et peuvent travailler ensemble de manière plus productive pour résoudre les problèmes, identifier les opportunités et prendre des décisions proactives et éclairées.

Innovation et croissance

Le libre accès aux données encourage l'innovation, comme le prouve l'expérience de Reddit. Les employés de tous niveaux peuvent proposer des changements et des solutions basés sur des données, favorisant ainsi une culture d'amélioration continue. L'utilisation des données pour prendre des décisions a conduit à des processus plus efficaces, à une expérience utilisateur améliorée et, en fin de compte, à une croissance stimulée.

L'approche de Reddit témoigne du pouvoir que la démocratisation des données peut avoir lorsqu'elle est appliquée correctement. En intégrant des outils d'analyse de données faciles à utiliser, en cultivant une culture qui valorise la maîtrise des données et en créant un environnement dans lequel les données sont accessibles et utilisables, Reddit a pu croître de façon exponentielle au fil des ans. Il sert d'étude de cas aux organisations souhaitant tirer parti de la démocratisation des données pour leur croissance et leur réussite.

10. L'avenir de la démocratisation des données : tendances et prévisions.

Tendance 1 : Utilisation croissante de l'apprentissage automatique et de l'intelligence artificielle

Avec le développement continu de la technologie, l'une des principales prédictions pour l'avenir de la démocratisation des données est l'utilisation croissante de l'apprentissage automatique et de l'intelligence artificielle.

Les technologies d'apprentissage automatique (ML) et d'intelligence artificielle (IA) ont prouvé leur utilité pour révolutionner les secteurs dans tous les domaines, et leur application dans la démocratisation des données n'est pas différente. L'objectif de ces techniques est simple : équiper les machines pour qu'elles tirent automatiquement des enseignements d'une grande quantité de données. Cela augmente l'efficacité, la précision et la rapidité des processus de prise de décision.

Les outils d'IA et de ML peuvent découvrir des modèles et des tendances dans les données que les humains ne peuvent pas facilement percevoir. Une tendance annoncée consiste à utiliser ces outils technologiques pour traiter de grandes quantités de données et offrir les insights nécessaires en temps réel. Grâce au ML et à l'IA, les organisations peuvent automatiser des tâches banales et libérer des efforts et du temps humains pour des tâches plus stratégiques.

Tendance 2 : Maîtrise des données améliorée

Les données ne sont d'aucune utilité si vous ne pouvez pas interpréter ce qu'elles disent, d'où l'importance croissante de la maîtrise des données. L'innovation et le changement sont inhérents à la démocratisation des données, mais l'objectif global est de rendre les données plus compréhensibles et utilisables.

Cette évolution ne concerne pas seulement l'accès aux données. Les utilisateurs doivent être capables de lire, interpréter, travailler et communiquer avec les données. Avec la démocratisation des données qui gagne du terrain dans les organisations, nous pouvons nous attendre à ce que des programmes améliorés de littératie des données prennent le devant de la scène. Diverses organisations s'efforcent déjà de promouvoir la littératie des données dans tous les ministères.

Tendance 3 : Expansion des outils de Business Intelligence en libre-service

Les outils d'informatique décisionnelle en libre-service se sont avérés essentiels à la démocratisation des données. Ces plateformes sophistiquées offrent des interfaces conviviales, simples à utiliser et nécessitant un minimum de connaissances techniques. Ils permettent aux utilisateurs non techniques d'accéder, d'analyser et de visualiser facilement les données.

Ces outils devenant de plus en plus accessibles, une tendance à surveiller est l'élargissement et la sophistication de ces solutions en libre-service. Ils sont conçus avec des interfaces plus conviviales, avec une fonctionnalité de glisser-déposer, et peuvent rendre l'analyse des données plus simple que jamais.

Tendance 4 : Gouvernance des données renforcée

La démocratisation des données comporte ses défis, notamment le maintien de la confidentialité et de la sécurité des données. À mesure que de plus en plus d'employés accèdent aux données, les risques se multiplient. Par conséquent, une tendance essentielle associée à la démocratisation des données est le renforcement des politiques de gouvernance des données. Une bonne gouvernance des données garantit que les données sont utilisées correctement et efficacement tout en minimisant les risques.

Tendance 5 : Démocratisation des données basées sur le cloud

La technologie cloud fait déjà partie intégrante du monde numérique d'aujourd'hui. En ce qui concerne la démocratisation des données, les technologies cloud offrent des solutions de stockage et de gestion des données évolutives, flexibles et économiques.

La démocratisation des données basées sur le cloud permet aux organisations de centraliser leurs données, permettant un accès contrôlé aux différents utilisateurs. Cela améliore la collaboration, améliore l'efficacité et aide à prendre des décisions rapides.

Conclusion

Alors que la démocratisation des données promet une myriade d'avantages, sa mise en œuvre doit être un processus stratégique et prudent. Il doit être étroitement lié aux objectifs de l'entreprise et à la stratégie commerciale globale. Avec les tendances mentionnées ci-dessus, associées à une formation appropriée, une gouvernance et une culture d'utilisation des données, les organisations sont sur le point de connaître une transformation significative grâce à la démocratisation des données.

10.1 Démocratisation des données : affronter l'avenir de front

À une époque où l'information est la nouvelle monnaie et où son contrôle détermine le pouvoir, comprendre les tendances futures de la démocratisation des données est vital pour les organisations modernes à la recherche d'un levier stratégique. Examinons donc quelques tendances et prévisions clés pointant vers l'avenir de ce paysage de données démocratique.

IA et apprentissage automatique : démocratiser la prise de décision

L'intelligence artificielle (IA) et l'apprentissage automatique (ML) révolutionnent les processus quotidiens en permettant aux machines d'apprendre à partir de modèles de données et de prédire les résultats futurs. Il est prévu qu'à mesure que l'IA devient plus sophistiquée et accessible, nous assisterons à une augmentation du nombre d'entreprises intégrant des fonctionnalités d'IA dans leurs plates-formes pour automatiser l'analyse des données. Le résultat? Non seulement la démocratisation des données, mais aussi la démocratisation de la prise de décision, permettant à un plus large éventail de membres du personnel de prendre des décisions fondées sur les données.

L'essor des Data Lakehouses

Les Data Lakehouses émergent comme une nouvelle tendance dans le secteur du Big Data, combinant les meilleurs éléments des lacs de données et des entrepôts de données. Contrairement aux entrepôts de données traditionnels, les Data Lakehouses conservent de grandes quantités de données brutes et granulaires, permettant des analyses plus flexibles et plus étendues. L'avenir prévisible indique une augmentation de l'adoption des Data Lakehouses, faisant potentiellement de cette technologie un moteur clé de la démocratisation des données.

Maîtrise des données : fondement de la culture des données

À mesure que la démocratisation des données devient plus populaire, la demande en matière de maîtrise des données, c'est-à-dire la capacité d'analyser, d'interpréter et de communiquer des données en toute confiance, augmente également. Les organisations sont susceptibles de mettre davantage l'accent sur la formation de leur personnel à la maîtrise des données, en favorisant une culture des données qui valorise et utilise les données à chaque occasion.

Technologie de confidentialité : équilibrer accès et confidentialité

À mesure que de plus en plus de personnes accèdent aux données, la confidentialité devient une préoccupation de plus en plus importante. Les technologies de confidentialité qui peuvent aider à équilibrer l'accès et la confidentialité seront désormais cruciales. Le chiffrement, la pseudonymisation et la confidentialité différentielle ne sont que quelques-unes des technologies qui devraient façonner l'horizon.

Focus sur la gouvernance des données

À mesure que la démocratisation des données se développe, le besoin d'une gouvernance efficace des données – un cadre pour gérer la disponibilité, l'utilisabilité, l'intégrité et la sécurité des données au sein d'une organisation – va sans doute augmenter. Sans une stratégie solide de gouvernance des données, les entreprises courent le risque d'une mauvaise utilisation et d'une mauvaise interprétation des données.

L'aube des opérations de données

Data Ops (opérations de données), une méthodologie automatisée et orientée processus, est utilisée pour améliorer la qualité et la rapidité de l'analyse des données. À mesure que les organisations élaborent des stratégies pour démocratiser leurs données, l'utilisation des Data Ops devrait augmenter, aidant les organisations à réaliser des analyses de données plus rapides et fiables en temps quasi réel.

Les chefs d'entreprise et les décideurs doivent rester à l'écoute de ces tendances pour s'assurer d'avoir une longueur d'avance dans l'intégration de la démocratisation des données dans leurs stratégies organisationnelles. Si elle est exécutée de manière stratégique, l'exploitation de ces tendances peut contribuer à créer un environnement qui favorise la transparence, l'inclusion et l'innovation, favorisant ainsi une culture organisationnelle responsabilisée et axée sur les données.

Reconnaître les opportunités et les défis liés à la transition vers la démocratisation des données permettra aux entreprises de tirer parti de ce paysage de données démocratisé à leur avantage. Il s'agit d'un voyage passionnant et stimulant, mais qui promet de nombreux avantages à ceux qui empruntent le chemin.

Analyse prédictive – Transformer la prise de décision commerciale

Predictive Analytics, un algorithme d'apprentissage automatique, anticipe les tendances futures sur la base de données historiques. Dans les années à venir, il devrait jouer un rôle central dans la démocratisation des données, en donnant du pouvoir aux utilisateurs au-delà des scientifiques et des analystes des données. En fournissant une idée des résultats probables, l'analyse prédictive peut permettre aux décideurs de modifier leurs stratégies de manière préventive, conduisant ainsi à de meilleurs résultats et à une éventuelle atténuation des pertes.

Jusqu'à récemment, l'analyse prédictive était l'apanage des data scientists et des analystes. Désormais, des outils et plates-formes sophistiqués permettent aux utilisateurs non techniques de bénéficier également des avantages en créant des modèles prédictifs et en analysant des visualisations de données complexes. À mesure que les organisations commencent à prendre conscience de la valeur de l'analyse prédictive, celle-ci ne manquera pas de prendre encore plus d'ampleur. Une culture des données démocratisée attribue naturellement le pouvoir de prédiction entre les mains d'un plus grand nombre de décideurs au sein de l'organisation, leur permettant ainsi de capitaliser sur les informations.

IA démocratisée – Apporter l'intelligence aux masses

L'intelligence artificielle (IA) ne se limite plus aux films de science-fiction ou aux laboratoires technologiques. Les organisations du monde entier exploitent la puissance de l'IA, et sa démocratisation est la prochaine étape logique. L'IA démocratisée fait référence à la tendance à rendre la technologie de l'IA accessible au plus grand nombre, plutôt qu'à quelques privilégiés.

L'IA démocratisée peut redéfinir l'avenir de la démocratisation des données grâce à des algorithmes d'apprentissage automatique, au traitement du langage naturel, etc. Les employés réguliers, et pas seulement les scientifiques des données ou les experts en informatique, pourront accéder à des données complexes et les interpréter, en prenant des décisions basées sur les données à tous les niveaux de l'organisation.

La disponibilité de plateformes d'IA accessibles et la disponibilité de grands ensembles de données ouvrent la voie à une IA démocratisée. Il donne aux entreprises, aux utilisateurs et aux développeurs les moyens d'agir en supprimant les goulots d'étranglement traditionnels associés à la mise en œuvre de l'IA, comme les connaissances spécialisées ou les coûts élevés.

Améliorations de la gouvernance et de la confidentialité des données

L'avenir de la démocratisation des données réside également dans la manière dont les organisations gèrent leurs réglementations en matière de gouvernance et de confidentialité des données. Alors que de plus en plus de données sont générées et partagées entre les organisations, le besoin de solides mesures de gouvernance, de confidentialité et de sécurité devient primordial. La démocratisation des données englobera non seulement l'accès et l'analyse des données, mais également leur utilisation éthique.

Avec l'introduction de réglementations strictes comme le GDPR en Europe et le CCPA en Californie, les entreprises devront s'assurer que la démocratisation des données ne compromet pas la confidentialité et la sécurité des données. Des technologies telles que la blockchain devraient stimuler la tendance à la démocratisation des données sûres et sécurisées en fournissant un stockage de données décentralisé et transparent. La conformité ne consistera pas seulement à obéir aux lois, ce sera un élément essentiel pour maintenir la confiance des clients dans un environnement commercial de plus en plus sensible aux données.

Outils de données en libre-service – L'essor des Citizen Data Scientists

Les outils de données en libre-service devraient trouver davantage d'acheteurs à l'avenir de la démocratisation des données. Au lieu de s'appuyer sur des équipes chargées des données, ces outils permettront aux utilisateurs professionnels d'accéder et d'analyser eux-mêmes les données. Ces « Citizen Data Scientists » peuvent exploiter des algorithmes et des modèles prédéfinis pour récupérer, nettoyer, fusionner, manipuler et analyser des données, le tout avec une assistance minimale de la part des équipes informatiques ou de données.

Ces outils démocratisent la science des données en intégrant des tâches complexes dans leur plateforme, permettant aux utilisateurs d'obtenir des informations sans avoir besoin d'une compréhension approfondie de la science des données sous-jacente. Avec l'essor des outils de données en libre-service, les organisations amélioreront considérablement leur efficacité, les aidant ainsi à prendre plus rapidement des décisions commerciales davantage basées sur les données.

Conclusion

L'avenir recèle un immense potentiel en matière de démocratisation des données, avec à sa tête l'analyse prédictive, l'IA démocratisée, une gouvernance efficace des données et des outils en libre-service. Alors que les organisations s'efforcent de donner du sens et de tirer profit des grandes quantités de données générées quotidiennement, elles évoluent vers une culture des données démocratisée. Cependant, les parties prenantes doivent veiller à ce que cette transformation soit exécutée de manière éthique, en tenant compte des impacts potentiels sur la vie privée et la sécurité. La démocratisation des données pourrait bien être la force révolutionnaire qui déterminera l'avenir du paysage commercial, à condition qu'elle soit mise en œuvre de manière judicieuse et durable.

Démocratiser les données à l'ère de l'apprentissage automatique et de l'IA

À l'ère de la transformation numérique, l'intelligence artificielle et l'apprentissage automatique sont deux ensembles d'outils essentiels qui comblent le fossé entre les données complexes et les informations exploitables. Alors que les entreprises adoptent les technologies d'IA et de ML pour leurs opérations de données, un accès plus large aux données au sein d'une organisation joue un rôle crucial en termes d'efficacité, de compréhensibilité et d'utilisation.

L'IA et l'apprentissage automatique propulsent la démocratisation des données

L'intelligence artificielle et l'apprentissage automatique ont la capacité de traiter le Big Data à une échelle sans précédent, permettant ainsi aux organisations de prendre des décisions rapides et basées sur les données. Ainsi, la consolidation de ces technologies de pointe avec la démocratisation des données peut alléger la charge des équipes informatiques et des analystes de données en permettant au personnel non technique d'accéder, d'interpréter et d'utiliser efficacement les données.

Des algorithmes d'apprentissage automatique peuvent être mis en œuvre pour filtrer et nettoyer les données, en détectant les irrégularités et les doublons qui pourraient autrement conduire à une analyse inexacte. Ces processus axés sur la technologie mettent en lumière les contributions de la démocratisation des données en garantissant que les données consultées par les différentes équipes sont propres, précises et significatives. Cela rend les données non seulement accessibles, mais également précieuses pour tous les membres de l'organisation, qu'il s'agisse des opérations, des ventes, du marketing ou du service client.

La visualisation avancée des données renforce la démocratisation des données

Avec de grandes quantités de données facilement accessibles, présenter ces données de manière facilement interprétable est le prochain grand défi auquel les organisations sont confrontées. Les outils avancés de visualisation de données relèvent ce défi, permettant aux utilisateurs d'interagir avec les données et d'explorer efficacement les tendances, les valeurs aberrantes et les modèles.

La visualisation avancée des données est capable de créer des rapports d'analyse en libre-service qui peuvent être facilement compris par des utilisateurs non techniques. Il s'agit d'une étape importante vers la démocratisation des données, car elle responsabilise tous les travailleurs, et pas seulement les quelques-uns qui comprennent les processus ou les analyses de données complexes.

Démocratisation des données à l'ère de la sécurité renforcée

À l'avenir, avec la démocratisation accrue des données, les organisations devront accorder plus d'attention à la confidentialité, à la gouvernance et à la sécurité des données. S'assurer que ces éléments essentiels sont en place sera crucial pour maintenir la confiance entre les utilisateurs tout en encourageant l'exploration et la découverte des données.

De nouvelles technologies et des mesures de sécurité renforcées, telles que des systèmes de confidentialité différentielle ou de contrôle d'accès, sont développées et affinées pour sécuriser les informations sensibles tout en maintenant la libre circulation des informations non sensibles. Cela permettra aux entreprises d'équilibrer le besoin d'ouverture et de protection des données.

Analyse prédictive et prescriptive : la prochaine frontière

À mesure que la démocratisation des données s'intègre de plus en plus dans les opérations quotidiennes des entreprises, le recours à l'analyse prédictive et prescriptive va augmenter. Ces méthodologies utilisent des données historiques et des algorithmes d'IA pour prévoir les événements futurs et suggérer des actions possibles. Ce saut au-delà de ce qui se passe ou de la raison pour laquelle cela se produit, vers ce qui va se passer et comment nous pouvons y parvenir, changera la donne dans la prise de décision fondée sur les données.

Donner aux individus les moyens de devenir des data scientists citoyens

Avec les progrès des outils d'IA et l'intensification du processus de démocratisation des données, l'avenir pourrait voir une augmentation accrue du nombre de « data scientists citoyens ». Ces personnes, bien qu'elles ne soient pas des data scientists de métier, seront compétentes dans l'utilisation de la technologie pour effectuer des diagnostics sophistiqués et des analyses prédictives et prescriptives qui sont autrement réservées aux data scientists professionnels.

Ce changement profond révolutionnera le paysage commercial en étendant les informations à tous les aspects de l'organisation, favorisant ainsi un environnement dans lequel chaque décision peut être éclairée par des données.

Cependant, les organisations doivent également noter que pour garantir le succès de la démocratisation des données, elles doivent relever les défis qu'elle entraîne, notamment en matière de confidentialité et de protection des données. Ce faisant, les entreprises peuvent non seulement intégrer les données à leurs opérations, mais également cultiver une culture de maîtrise des données, dotant tous les membres de l'organisation des outils nécessaires pour faire progresser l'entreprise.

En conclusion, alors que nous examinons l'avenir de la démocratisation des données, il est évident que son évolution est sur le point d'être marquée par l'avènement de l'IA et du ML, la visualisation avancée des données, une sécurité accrue des données et la montée en puissance des scientifiques des données citoyens. Les organisations qui dirigeront cette nouvelle ère seront celles qui seront capables d'exploiter la puissance de la démocratisation des données pour atteindre leurs objectifs stratégiques. En responsabilisant chaque individu au sein de l'entreprise, la démocratisation des données peut débloquer une innovation et une efficacité sans précédent, stimulant ainsi la croissance et le succès de l'entreprise dans les années à venir.

Chapitre 10.2 : Intelligence artificielle et apprentissage automatique

Dans le monde de la génération et de la gestion robustes des données, l'intelligence artificielle (IA) et l'apprentissage automatique (ML) constituent des outils puissants. Ces avancées technologiques ont déjà commencé à dicter l'accélération de la démocratisation des données.

L'intelligence artificielle et l'apprentissage automatique peuvent gérer de vastes volumes de données, détecter des modèles, tirer des leçons de l'expérience et faire des prédictions précises. Ils peuvent interpréter les données avec puissance et les transformer en informations utiles, réduisant ainsi le besoin d'intervention manuelle et le temps de traitement. L'évolution de l'IA et du ML pourrait conduire à l'arrivée d'outils de préparation de données en libre-service qui peuvent aider les organisations à nettoyer, enrichir et consolider rapidement les données, même si elles manquent de connaissances techniques.

L'IA démocratise davantage les données en accélérant le processus d'obtention d'informations. Par exemple, les consommateurs de données travaillent avec l'IA pour obtenir rapidement des réponses à des questions commerciales complexes sans avoir recours à des data scientists. De cette façon, l'intelligence artificielle améliore l'efficacité de la démocratisation des données en la rendant à la fois conviviale et rapide.

Un monde qui traite les données grâce à l'IA et à l'apprentissage automatique est un monde dans lequel les personnes de toute l'organisation peuvent utiliser les informations basées sur les données pour influencer leur processus de prise de décision. À mesure que ces technologies progressent et s'intègrent davantage à nos systèmes, la capacité de démocratisation des données à changer le paysage commercial continue de croître.

Systèmes de données autonomes

À mesure que l'analyse prédictive devient plus sophistiquée, nous pouvons anticiper l'émergence de systèmes de données autonomes. Cette technologie exploite l'intelligence artificielle et l'apprentissage automatique pour produire automatiquement des informations. Ils peuvent examiner des sources de données externes, tirer des conclusions, glaner des informations, faire des prévisions et même recommander des actions, le tout sans intervention humaine.

Les systèmes de données autonomes sont intrinsèquement adaptés pour digérer des quantités massives de données, détecter des modèles et former des analyses. Leurs capacités impressionnantes d'apprentissage et d'adaptation renforceront la démocratisation des données en intégrant de manière transparente les pratiques basées sur les données dans les opérations commerciales quotidiennes.

Apprentissage profond et réseaux de neurones

Une autre avancée passionnante dans la démocratisation des données que nous attendons avec impatience est l'application de l'apprentissage profond et des réseaux neuronaux. Ces technologies sophistiquées peuvent traiter des formes de données non structurées telles que des images, du son et du texte, fournissant ainsi des informations nuancées sur le comportement humain et les mouvements du marché. Ces informations restent généralement invisibles pour les analyses traditionnelles.

À mesure que la technologie continue de mûrir et de gagner du terrain, nous assisterons probablement à une montée en puissance de l'utilisation de l'apprentissage profond et des réseaux de neurones pour fournir des informations riches et spécifiques au contexte, accélérant ainsi le processus de démocratisation des données.

Sécurité des données et IA

Avec l'accent croissant mis sur la collecte et l'accessibilité des données, les problèmes de sécurité et de confidentialité des données augmentent également. Par conséquent, l'avenir de la démocratisation des données sera témoin de progrès révolutionnaires dans les protocoles de sécurité des données, dont l'IA est au cœur.

L'intelligence artificielle peut démêler des modèles sophistiqués et détecter des anomalies ou des violations qui sont autrement difficiles à détecter. Une combinaison d'IA et de ML peut offrir une maintenance prédictive et des systèmes d'alerte en temps réel, aidant ainsi les gestionnaires de données à détecter et à traiter rapidement toute menace possible. Ce n'est que le début de la façon dont l'IA peut révolutionner la protection des données, en jouant un rôle central dans la sécurisation des données tout en élargissant leur accessibilité – repoussant ainsi les limites de la démocratisation des données.

Pour conclure, exploiter la puissance de l'IA et de l'apprentissage automatique changera la donne dans le domaine de la démocratisation des données. Les progrès et les nouveaux développements de ces technologies rendront les données plus accessibles, exploitables et significatives pour un public plus large, transformant ainsi le processus décisionnel dans les organisations.

Droits d'auteur et clauses de non-responsabilité :

Clause de non-responsabilité relative au contenu assisté par l'IA :
Le contenu de ce livre a été généré avec l'aide de modèles de langage d'intelligence artificielle (IA) comme CHatGPT et Llama. Bien que des efforts aient été déployés pour garantir l'exactitude et la pertinence des informations fournies, l'auteur et l'éditeur ne donnent aucune garantie concernant l'exhaustivité, la fiabilité ou l'adéquation du contenu à un usage spécifique. Le contenu généré par l'IA peut contenir des erreurs, des inexactitudes ou des informations obsolètes, et les lecteurs doivent faire preuve de prudence et vérifier indépendamment toute information avant de s'y fier. L'auteur et l'éditeur ne pourront être tenus responsables des conséquences découlant de l'utilisation ou de la confiance accordée au contenu généré par l'IA dans ce livre.

Clause de non-responsabilité générale :
Nous utilisons des outils de génération de contenu pour créer ce livre et obtenons une grande partie du matériel à partir d'outils de génération de texte. Nous mettons à disposition du matériel et des données financières via nos services. Pour ce faire, nous nous appuyons sur diverses sources pour recueillir ces informations. Nous pensons qu'il s'agit de sources fiables, crédibles et exactes. Cependant, il peut arriver que les informations soient incorrectes.
NOUS NE FAISONS AUCUNE RÉCLAMATION OU DÉCLARATION QUANT À L'EXACTITUDE, À L'EXHAUSTIVITÉ OU À LA VÉRITÉ DE TOUT MATÉRIEL CONTENU DANS NOTRE livre. NOUS NE SERONS PAS RESPONSABLES DES ERREURS, DES INEXACTITUDES OU DES OMISSIONS, ET DÉCLINONS SPÉCIFIQUEMENT TOUTE GARANTIE IMPLICITE OU DE

QUALITÉ MARCHANDE OU D'ADÉQUATION À UN USAGE PARTICULIER ET NE SERONS EN AUCUN CAS RESPONSABLES DE TOUTE PERTE DE PROFIT OU DE TOUT AUTRE DOMMAGE COMMERCIAL OU MATÉRIEL, Y COMPRIS, MAIS SANS S'Y LIMITER AUX DOMMAGES SPÉCIAUX, ACCESSOIRES, CONSÉCUTIFS OU AUTRES ; OU POUR DES RETARDS DANS LE CONTENU OU LA TRANSMISSION DES DONNÉES DE NOTRE livre, OU POUR QUE LE LIVRE SERA TOUJOURS DISPONIBLE.

En plus de ce qui précède, il est important de noter que les modèles de langage comme ChatGPT sont basés sur des techniques d'apprentissage en profondeur et ont été formés sur de grandes quantités de données textuelles pour générer un texte de type humain. Ces données textuelles incluent une variété de sources telles que des livres, des articles, des sites Web et bien plus encore. Ce processus de formation permet au modèle d'apprendre des modèles et des relations dans le texte et de générer des sorties cohérentes et adaptées au contexte.

Les modèles linguistiques tels que ChatGPT peuvent être utilisés dans diverses applications, notamment le service client, la création de contenu et la traduction linguistique. Dans le service client, par exemple, les modèles linguistiques peuvent être utilisés pour répondre aux demandes des clients de manière rapide et précise, libérant ainsi les agents humains pour qu'ils puissent gérer des tâches plus complexes. Lors de la création de contenu, les modèles linguistiques peuvent être utilisés pour générer des articles, des résumés et des légendes, permettant ainsi aux créateurs de contenu d'économiser du temps et des efforts. Dans le domaine de la traduction linguistique, les modèles linguistiques peuvent aider à traduire un texte d'une langue à une autre avec une grande précision, contribuant ainsi à éliminer les barrières linguistiques.

Il est important de garder à l'esprit, cependant, que même si les modèles linguistiques ont fait de grands progrès dans la génération de textes de type humain, ils ne sont pas parfaits. Il existe encore des limites à la compréhension du contexte et de la signification du texte par le modèle, et il peut générer des résultats incorrects ou offensants. Il est donc important d'utiliser les modèles de langage avec prudence et de toujours vérifier l'exactitude des résultats générés par le modèle.

Avis de non-responsabilité financière

Ce livre est destiné à vous aider à comprendre le monde de l'investissement en ligne, à éliminer toutes les craintes que vous pourriez avoir quant au démarrage et à vous aider à choisir de bons investissements. Notre objectif est de vous aider à prendre le contrôle de votre bien-être financier en vous offrant une solide éducation financière et des stratégies d'investissement responsable. Cependant, les informations contenues dans ce livre et dans nos services sont uniquement destinées à des fins d'information générale et éducatives. Il ne vise pas à remplacer les conseils juridiques, commerciaux et/ou financiers d'un professionnel agréé. Le secteur de l'investissement en ligne est une question complexe qui nécessite une diligence financière sérieuse pour chaque investissement afin de réussir. Il vous est fortement conseillé de solliciter les services de professionnels qualifiés et compétents avant de vous engager dans tout investissement susceptible d'avoir un impact sur vos finances. Ces informations sont fournies par ce livre, y compris la manière dont elles ont été réalisées, collectivement appelées les « Services ».

Soyez prudent avec votre argent. N'utilisez que des stratégies dont vous comprenez les risques potentiels et que vous êtes à l'aise de prendre. Il est de votre responsabilité d'investir judicieusement et de protéger vos informations personnelles et financières.

Nous croyons que nous avons une grande communauté d'investisseurs qui cherchent à réussir et à s'entraider pour réussir financièrement grâce à l'investissement. En conséquence, nous encourageons les gens à commenter sur notre blog et peut-être à l'avenir sur notre forum. De nombreuses personnes contribueront à cette question, cependant, il y aura des moments où des personnes fourniront des informations trompeuses, trompeuses ou incorrectes, involontairement ou autrement.

Vous ne devez JAMAIS vous fier aux informations ou opinions que vous lisez sur ce livre, ou sur tout livre auquel nous pourrions être lié. Les informations que vous lisez ici et dans nos services doivent être utilisées comme point de départ pour votre PROPRE RECHERCHE dans diverses entreprises et stratégies d'investissement afin que vous puissiez prendre une décision éclairée sur où et comment investir votre argent.

NOUS NE GARANTISSONS PAS LA VÉRACITÉ, LA FIABILITÉ OU L'EXHAUSTIVITÉ DES INFORMATIONS FOURNIES DANS LES COMMENTAIRES, LE FORUM OU D'AUTRES ESPACES PUBLICS DU livre OU DANS TOUT HYPERLIEN APPARAISSANT SUR NOTRE livre.

Nos services sont fournis pour vous aider à comprendre comment prendre de bonnes décisions d'investissement et de finances personnelles pour vous-même. Vous êtes seul responsable des décisions d'investissement que vous prenez. Nous ne serons pas responsables des erreurs ou omissions sur le livre, y compris dans les articles ou les publications, pour les hyperliens intégrés dans les messages, ou pour tout résultat obtenu à partir de l'utilisation de ces informations. Nous ne serons pas non plus responsables de toute perte ou dommage, y compris les dommages indirects, le cas échéant, causés par la confiance d'un lecteur dans toute information obtenue grâce à l'utilisation de nos Services. Veuillez ne pas utiliser notre livre si vous n'acceptez pas l'auto-responsabilité de vos actions.

La Securities and Exchange Commission (SEC) des États-Unis a publié des informations supplémentaires sur la cyberfraude pour vous aider à la reconnaître et à la combattre efficacement. Vous pouvez également obtenir une aide supplémentaire sur les programmes d'investissement en ligne et sur la manière de les éviter dans les livres suivants : http://www.sec.gov et http://www.finra.org, et http://www.nasaa.org ce sont chacune des organisations mises en place pour aider à protéger les investisseurs en ligne.

Si vous choisissez d'ignorer nos conseils et de ne pas faire de recherche indépendante sur les diverses industries, entreprises et actions, vous avez l'intention d'investir et de vous fier uniquement aux informations, «conseils» ou opinions trouvées dans notre livre - vous reconnaissez que vous avez fait une décision consciente et personnelle de votre plein gré et n'essayera pas de nous tenir responsables des résultats de celle-ci en aucune circonstance. Les services offerts ici ne visent pas à agir en tant que votre conseiller en placement personnel. Nous ne connaissons pas tous les faits pertinents vous concernant et/ou vos besoins individuels, et nous ne déclarons ni ne prétendons que l'un de nos Services est adapté à vos besoins. Vous devriez vous adresser à un conseiller en placement inscrit si vous recherchez des conseils personnalisés.

Liens vers d'autres sites. Vous pourrez également créer des liens vers d'autres livres de temps en temps, via notre site. Nous n'avons aucun contrôle sur le contenu ou les actions des livres vers lesquels nous proposons des liens et ne serons pas responsables de tout ce qui se produit en relation avec l'utilisation de ces livres. L'inclusion de liens, sauf indication contraire expresse, ne doit pas être considérée comme une approbation ou une recommandation de ce livre ou des opinions qui y sont exprimées. Vous, et vous seul, êtes responsable de faire preuve de diligence raisonnable sur tout livre avant de faire affaire avec eux.

Avis de non-responsabilité et limitations de responsabilité : En aucun cas, y compris, mais sans s'y limiter, en cas de négligence, nous, ni nos partenaires le cas échéant, ni l'une de nos sociétés affiliées, ne serons tenus responsables, directement ou indirectement, de toute perte ou dommage, quel qu'il soit, découlant de de, ou en relation avec, l'utilisation de nos Services, y compris, sans s'y limiter, les dommages directs, indirects, consécutifs, inattendus, spéciaux, exemplaires ou autres qui peuvent en résulter, y compris, mais sans s'y limiter, une perte économique, une blessure, une maladie ou un décès ou tout autre dommage. tout autre type de perte ou de dommage, ou de réactions inattendues ou défavorables aux suggestions contenues dans le présent document ou autrement causées ou présumées vous avoir été causées en relation avec votre utilisation de tout conseil, bien ou service que vous recevez sur le Site, quelle qu'en soit la source, ou tout autre livre que vous avez pu visiter via des liens de notre livre, même si vous êtes informé de la possibilité de tels dommages.

La loi applicable peut ne pas autoriser la limitation ou l'exclusion de responsabilité ou de dommages indirects ou consécutifs (y compris, mais sans s'y limiter, la perte de données), de sorte que la limitation ou l'exclusion ci-dessus peut ne pas s'appliquer à vous. Cependant, en aucun cas la responsabilité totale de notre part envers vous pour tous les dommages, pertes et causes d'action (qu'elles soient contractuelles, délictuelles ou autres) ne dépassera le montant que vous nous avez payé, le cas échéant, pour l'utilisation de notre Services, le cas échéant. Et en utilisant notre Site, vous acceptez expressément de ne pas essayer de nous tenir responsables des conséquences résultant de votre utilisation de nos Services ou des informations qui y sont fournies, à tout moment ou pour quelque raison que ce soit, quelles que soient les circonstances.

Avis de non-responsabilité concernant les résultats spécifiques. Nous nous engageons à vous aider à prendre le contrôle de votre bien-être financier grâce à l'éducation et à l'investissement. Nous proposons des stratégies, des opinions, des ressources et d'autres services spécialement conçus pour éliminer le bruit et le battage médiatique afin de vous aider à prendre de meilleures décisions en matière de finances personnelles et d'investissement. Cependant, il n'existe aucun moyen de garantir qu'une stratégie ou une technique soit efficace à 100 %, car les résultats varient selon l'individu, ainsi que les efforts et l'engagement qu'il déploie pour atteindre son objectif. Et malheureusement, nous ne vous connaissons pas. Par conséquent, en utilisant et/ou en achetant nos services, vous acceptez expressément que les résultats que vous recevez de l'utilisation de ces services dépendent uniquement de vous. En outre, vous acceptez également expressément que tous les risques liés à l'utilisation et toutes les conséquences d'une telle utilisation soient supportés exclusivement par vous. Et que vous ne tenterez pas de nous tenir responsables à aucun moment ou pour quelque raison que ce soit, quelles que soient les circonstances.

Comme stipulé par la loi, nous ne pouvons pas et ne faisons aucune garantie quant à votre capacité à obtenir des résultats particuliers en utilisant tout service acheté via notre livre. Rien sur cette page, notre livre ou l'un de nos services n'est une promesse ou une garantie de résultats, y compris que vous gagnerez une somme d'argent particulière ou, de l'argent du tout, vous comprenez également que tous les investissements comportent des risques et vous risquez en fait de perdre de l'argent en investissant. En conséquence, tous les résultats indiqués dans notre livre, sous forme de témoignages, d'études de cas ou autres, ne sont qu'illustratifs de concepts et ne doivent pas être considérés comme des résultats moyens ou des promesses de performances réelles ou futures.

indicatif uniquement et ne garantissent pas que les lecteurs obtiendront des résultats similaires. Le succès individuel dans le trading dépend de divers facteurs, notamment la situation financière personnelle, la tolérance au risque et la capacité à appliquer de manière cohérente les stratégies et techniques discutées.